Graziano D'Urso

Ritmica-Mente

DECIMA EDIZIONE

Lineamenti fondamentali di ritmica, solistica e teoria chitarristica

Aci Trezza - Catania

2020

"Da dove, ti prego, vengono queste cose,
se non dal sommo ed eterno principio dei numeri,
della similitudine, dell'uguaglianza e dell'ordine?
Ma se toglierai queste cose dalla terra
non sarà più nulla."
Agostino - De Musica, cap VI, par. 17,57

Ritmica-Mente Guitar

Lulu.com, Morrisville, NC.

ISBN: 978-0-244-56383-7

PRESENTAZIONE

Con grande gioia presento il pregevole lavoro di Graziano D'Urso. Si tratta di un manuale per lo studio della chitarra che nasce dalla grande passione dell'autore per la musica in genere e per questo magnifico strumento, passione alimentata all'interno dell'oratorio parrocchiale di Acitrezza. A che serve l'oratorio se non ad educare al senso del bene, del vero e del bello? A che serve un oratorio se i talenti di ciascuno non vengono generosamente messi a disposizione di tutti? L'incontro vivo e vero con Gesù Cristo rende la nostra vita gioiosa e piena di speranza. L'entusiasmo, la pazienza e la costanza di Graziano hanno permesso il formarsi di un gruppo di chitarristi che allietano la celebrazione eucaristica della domenica, i momenti di fraternità e le attività di oratorio per i ragazzi e i giovani. Frutto di questi corsi e della fatica degli ultimi anni è il manuale che l'autore ha preparato per coloro che vogliono vivere questa esaltante esperienza della musica e del suono della chitarra.

L'auspicio è che numerosi giovani possano accostarsi allo studio della musica, frequentando i corsi di chitarra con costanza e col desiderio di studiare e di apprendere le tecniche riportate nel manuale. Mentre ringrazio ancora una volta Graziano per l'impegno a favore della comunità, a tutti auguro di cantare la gioia di vivere con passione e generosità.

Acitrezza, 21 settembre 2009

don Giovanni Mammino
Parroco di Acitrezza

INTRODUZIONE ALLA DECIMA EDIZIONE

Questo manuale pratico per lo studio musicale della ritmica chitarristica è l'espressione di un duplice desiderio: ribadire il valore della musica strumentale come ricerca dell'armonia e della bellezza; estendere l'amore per la musica soprattutto ai giovani che vogliono emergere dalla mediocrità e uscire fuori dal circolo vizioso delle emozioni ricercate e consumate. Il manuale presenta una organica trattazione dell'argomento. La ritmica è una vera e propria disciplina musicale che, distaccandosi dai canoni della musica classica, manifesta la libera espressione degli stati d'animo attraverso uno strumento tramandatoci nei secoli, la chitarra. Tale disciplina si è trasformata e arricchita grazie ai maestri della musica contemporanea, moderna o "musica leggera", come affermano gli affezionati alla tradizione. La ritmica si evolve perché la musica in genere tende ad essere "popolare", adatta al nostro tempo e non ingabbiata nello sterile classicismo.

"Ritmica-mente" è una raccolta molto semplice e ben organizzata riguardo ai fondamenti della ritmica, si presenta pratica e facilmente comprensibile anche da chi non ha mai avuto dimestichezza con lo studio della musica. Essa contiene facili esempi, frutto di intuizioni empiriche, che dimostrano come sia semplice e naturale lo studio e la comprensione della materia. Non mancano di fare incursioni opportune pillole di saggezza musicale, estratte dalla grande tradizione di questa antica arte, che completano la trattazione e la rendono omogenea e talvolta simpatica. A corredo del manuale ho inserito alla fine di questo dei concetti, delle importanti informazioni, alcune tecniche, moltissime tavole e accurate descrizioni attinte principalmente dai manuali classici per lo studio della chitarra solista, fra cui scale e legature.

Presento questa decima edizione del manuale "Ritmica-Mente" nella quale ho incrementato la comprensibilità degli argomenti, la continuità dei concetti, e sintetizzato in massima parte i principi fondamentali della materia. In questa edizione ho voluto approfondire la teoria della costruzione degli accordi dalla prospettiva della ciclicità dei rapporti fra le note componenti.

Ho arricchito di elementi pure "l'arpeggio" nel quale ho aggiunto otto esempi principali che nulla vogliono precludere alla secolare tradizione classica musicale chitarristica, ma che vogliono in intenzione infondere una conoscenza generale dell'argomento, sul principio della libertà d'insegnamento.[1] Ho aggiunto fra gli argomenti la costruzione degli accordi con sfumature di Settima minore e

[1] Ex art. 33 della Costituzione della Repubblica Italiana.

aumentata, Sesta maggiore e minore, Quarta maggiore e minore, Seconda minore e maggiore, Undicesima, Tredicesima, Semidiminuiti, Quinta Aumentato ed i c.d. Diminuiti.

Sono state aggiunte inoltre ulteriori pennate ed il nuovo paragrafo dedicato all'esecuzione parziale degli accordi. Ho corretto alcuni vizi presenti nel testo precedente dirigendo adesso lo studente verso uno studio più organico e continuo, in modo da perseguire così un apprendimento più mirato alle intenzioni dell'autore. E' stata corretta la disposizione delle scale secondo l'insieme del genere alle quali appartengono utilizzando un paragrafo per ciascun genere; è stata pure realizzata, ad integrazione di questo manuale, una sezione tutta dedicata alle "scale per terze" estratta dallo studio classico della disciplina tradizionale, rielaborato per l'appunto secondo i criteri di lettura e studio qui riportati ed utilizzati.

E' stato aggiunto il "giro armonico blues minore" consistente nell'andamento a dodici battute classiche di questo genere musicale (oltre a quello maggiore, già presente nelle edizioni precedente), nonché i giri beta armonico, gamma armonico, delta armonico e sigma armonico propedeutici per lo studio del giro armonico jazz.

E' stata inserita, ad inizio manuale, una sezione che non può mancare nei più rispettati manuali per lo studio della chitarra: l'impostazione da assumere per una più corretta esecuzione, e per un più facile apprendimento della disciplina.[2]

E' stata inserita la serie dei riferimenti alla nuova opera di musicologia giuridica dell'Autore, che ampliano, integrano, esplicano e commentano tutto quanto contenuto all'interno di questo Manuale di disciplina sostanziale: "Il Codice della Chitarra"[3].

L'intero manuale è stato corredato ove opportuno da note che esplicano il contenuto della disciplina sostanziale riportata nel testo, per il tramite dell'ausilio delle quali è concesso allo studente di integrare le conoscenze ed approfondire gli argomenti trattati.

Questo manuale, oltre ad essere compatibile su cordofoni a sei, o anche dodici corde, differenti (quali: Chitarra Classica, Chitarra Acustica o Western, Chitarra Elettrica, Banjo, etc.) è stato adottato in diversi corsi di chitarra tra cui: Corso di Chitarra Parrocchia "San Giovanni Battista di Aci Trezza", Corso di Chitarra e Basso Associazione culturale "Centro Studi Aci Trezza", Corso di

---

[2] A richiesta dell'alunno è possibile ottenere anche ulteriori integrazioni del manuale (come p.es.: le schede inerenti alle parti della Chitarra Classica, Acustica, Elettrica, 12 Corde; le schede inerenti ai gadget della chitarra; etc.), oltre ai tradizionali aggiornamenti.

[3] All'alunno che abbia interesse a corroborare le proprie conoscenze circa la più corretta esecuzione della Chitarra, a curare ed implementare le capacità, d integrare la propria tecnica è consigliato lo studio parallelo dal Codice di disciplina articolata inerente a questo Manuale.

Chitarra e Basso Associazione culturale "Creattiva Aci Castello", Corso di Chitarra "2° Circolo Didattico Giovanni Paolo II", Corso di Chitarra ICS "Roberto Rimini", Corso di Chitarra Scuola "Giardino D'Infanzia", Corso di Chitarra ICS "Vigo Fuccio – La Spina" in cui l'autore è stato insegnato dal Settembre del 2006 sino ad oggi.

Dal 24 Aprile 2012 questo Manuale, insieme ad altri della collana di "Lezioni di Chitarra – Graziano D'Urso", rientra fra le produzioni delle attività del Comitato per la diffusione della musica "live" nel territorio delle Aci denominato *Akis Live Music Project* (ALiMP)[4], di cui l'Autore è fondatore, ed ora anche Presidente, Direttore Amministrativo ed Addetto all'Ufficio Stampa.

L'autore tiene per se la libertà di adoperare tale manuale secondo la naturale destinazione economica con l'esclusivo diritto di pubblicare l'opera in ogni forma e modo, originale o derivato, il diritto esclusivo di distribuzione che ha per oggetto la messa in commercio o in circolazione, o comunque a disposizione, del pubblico, con qualsiasi mezzo ed a qualsiasi titolo, ai sensi degli articoli 12 ss. Sezione I Capo III della Legge 22 Aprile 1941, N.633 sui diritti d'Autore, e, ribadendo che la fotocopiatura (o la riproduzione fotografica analogica o anche digitale) costituisce reato ai sensi della citata Legge così modificata dal Decreto Legislativo N. 68/2003, vanta l'originalità assoluta del metodo e di gran parte del contenuto argomentativo, non consultabile altrove.

Il divieto della fotocopiatura è l'unica via per tutelare l'originalità degli argomenti e la proprietà intellettuale ivi contenute, frutto di annoso sforzo e persistente elaborazione e perfezionamento, che solo con l'acquisto del Manuale può essere ricompensato.

Questo Manuale è un originale, perché dotato della firma chirografica del suo Autore a principio di queste pagine: è frutto del lavoro dedicato alla didattica della Chitarra Ritmica, Solistica e della Teoria Chitarristica. La fotocopiatura delude gli sforzi spesi per la realizzazione del Metodo in questione, della sua correzione e del suo perfezionamento, inducendo a desistere dal perseguire siffatta meritevole sperimentazione ed elaborazione.

Il rispetto del Manuale è anche rispetto del suo Autore e della disciplina.

L'autore ringrazia fin d'ora per tutte le osservazioni critiche con le quali i colleghi e gli studenti vorranno amabilmente ricompensare l'annoso sforzo.

Per qualsiasi informazione o comunicazione l'autore del presente Manuale può essere contattato agli indirizzi e-mail e pec: graziano.durso@hotmail.it e graziano.durso@pec.it, al profilo www.facebook.com/graziano.durso, Twitter @GrazianoDurso, ed al web link http://grazianodurso.blogspot.com, oppure al contatto telefonico mobile 3404750933 ed/od al fisso 095277355.

---

[4] http://akislivemp.blogspot.it/

1. COME STUDIARE LA CHITARRA

"Studiare la chitarra" è una formulazione troppo generica per poter essere trattata in queste poche righe dedicate all'argomento, e si finirebbe per allontanarci dallo scopo di questo primo paragrafo. Si dovrebbe quindi meglio parlare di come "studiare la disciplina ritmica, solistica e teoria chitarristica" alla luce del metodo sul quale si basa questo pratico Manuale.

Si vuol quindi con questo prologo, giustamente inserito dopo l'Introduzione, guidare lo studente verso il metodo di studio migliore associato a questo testo di *Lineamenti fondamentali*.

Innanzitutto è necessario fissare bene quali siano i cardini dell'impostazione delle mani sulla Chitarra (di cui al paragrafo successivo un ampia descrizione), la posizione d'assumere per lo studio dello strumento, e la tecnica di autoverifica della corretta esecuzione. Sono quindi sparsi in questo Manuale, prima di importanti sezioni (come Giri Armonici, Scale, etc.), le regole che devono esser rispettate ai fini della corretta esecuzione e del corretto studio dell'argomento.

E' sempre bene verificare, ogni qual volta s'esegua un esercizio o si studi un argomento, la correttezza di questo sulla base di tali regole, come quelle inserite al paragrafo 30 (Corretta esecuzione delle scale). Se un accordo, o una scala, o una posizione è stata imparata scorrettamente, è molto difficile riuscire a "rettificare" ciò che si è mal interpretato: studiare male un argomento può risultare più negativo di non averlo studiato affatto!

Ecco perché l'importanza di questo paragrafo: ribadire allo studente di non improvvisarsi interpreti della tecnica esecutiva senza prima aversi formato sulle regole e sui consigli dell'Insegnante, o, in questo caso, dell'Autore.

L'autodidattica fin da principio rende poco nella Musica al di là di che se ne dica, soprattutto se informatica: questa è una disciplina millenaria, che per essersi portata a tanto ha dovuto conoscere genî e Maestri d'altissima virtù e prestigio che hanno dedicato la loro intera vita al suo studio con passione, dedizione e completa devozione. Con ciò non si vogliono attaccare i benefici dell'informazione digitale, ma per l'esigenza di contatto fisico che questa materia vuole, sarebbe impensabile scoprire da sé uno strumento senza una guida che conferisca almeno le chiavi di lettura.

La Musica è una Scienza esatta, fatta di numeri e di formule: non può essere lasciata naufragar nella temperie dell'opinione[5]. L'interpretazione dell'esecutore

[5] Jean-Philippe Rameau nel *Trattato dell'armonia ridotto ai suoi principi fondamentali* (1722) diceva: "La musica è una scienza che deve avere regole certe: queste devono essere estratte da un principio evidente, che non può essere conosciuto senza l'aiuto della matematica. Devo ammettere che, nonostante tutta l'esperienza che ho potuto

lascia lo spazio che trova, donando quella originalità che solo l'essere umano può conferire, ma il virtuosismo del musicista non può fiorire ove non ci sia quella solida e forte base fondamentale che da semente irrora il fertile terreno ch'è la volontà del discente.

Questo Manuale presenta numeri, forme geometriche, formule, elementi che ritornano ciclicamente come in un'equazione matematica, senza contare la Fisica del suono, che spiega la motivazione della dimensione dei tasti, la posizione degli armonici, la tonalità e molto altro.[6]

Pertanto si consiglia allo studente di fare molta attenzione alle spiegazioni che vengono fatte d'ogni argomento, d'ogni elemento, d'ogni passaggio e d'ogni connessione matematica (e/o geometrica) di questi, non solo per comprendere profondamente la motivazione del perché un determinato accordo sia così e non in altro modo, ma anche per approfondire l'essenza e la matrice matematica di fondo.

Non fermatevi ad una semplice lettura. Cercate di fare vostro il contenuto del testo! E' facile ma fuorviante, scorrere le pagine del libro soffermandosi solo a guardare le figure, cercando di immaginare una possibile interpretazione. Un apprendimento attivo ha bisogno di essere interattivo: provate a pensare ad altri esempi ai quali potrebbe esse applicata la teoria di cui state seguendo l'esposizione.

Lo studio, più che quantitativo, dev'essere qualitativo: ciò che importa veramente è la costanza, la perseveranza, la volontà e la precisione; dopo di che è possibile far subentrare con la debita passione i ritmi stacanovistici dove bisogna allenare forza, velocità e ritmo.

E' meglio organizzare il proprio studio ripartendolo in alcune decine di minuti, ma quotidiane! Si badi che anche nella Musica la lontananza è come il vento.

In conclusione di questa breve digressione, si consiglia sempre si ascoltare le indicazioni dell'Insegnante che segue lo studente ai fini d'avere un'ottimizzazione dei risultati ricondotti al programma didattico di questo Manuale. Lo studio della Musica è un esercizio per il corpo e per la mente, che aiuta ad avere dimestichezza con lo strumento ed elasticità nel pensiero in ogni altra disciplina, ma se non lo si coltiva, finisce per restare una semplice esperienza di sterile studio fine a sé stesso.

Il Manuale qui presente contiene la disciplina sostanziale della Ritmica, della Solistica e della Teoria musicale chitarristica, che, per quanto possa essere ben esposta, non rende completamente l'idea della totalità dell'argomento di cui trattasi: ebbene, esiste tutto un altro emisfero della Ritmica, della Solistica e della

---

acquisire con una lunga pratica musicale, è solo con l'aiuto della matematica che le mie idee si sono sistemate e che la luce ne ha dissipato le oscurità".

[6] Agostino - De Musica, cap VI, par. 17,57: *"Da dove, ti prego, vengono queste cose, se non dal sommo ed eterno principio dei numeri, della similitudine, dell'uguaglianza e dell'ordine? Ma se toglierai queste cose dalla terra non sarà più nulla."*

Teoria musicale chitarristica che è un secondo aspetto, che si manifesta agli occhi di chi vuol imparare bene come indispensabile: si tratta della disciplina articolata, che si configura come insieme di regole scritte, certe e frutto di scienza.

E' chiaro che le fondamenta della disciplina sono quelle sostanziali, senza delle quali si avrebbe un contenitore senza contenuto; tuttavia quella parte di materia composta di regole postulate all'uopo per precisare i contorni della disciplina sostanziale integrano, commentano, spiegano, completano e definiscono in ogni parte l'argomento di fronte al quale ci troviamo.

Per l'occasione l'Autore del Metodo, e quindi del Manuale, "Ritmica-Mente" ha elaborato un testo di disciplina articolata rivolto proprio a soddisfare le esigenze di complementarietà e di certezza della disciplina Ritmica e Solistica qui contenuta: il Codice della Chitarra.

Questo Codice, come sopra accennato, integra, commenta, spiega, completa e definisce in ogni parte, la materia in questione con un elenco commentato di regole – presentate in forma di canoni rubricati – corredate di commi e note.

Come dice la stessa introduzione[7] del Codice: *"Lo scopo di questo Codice è quello di affrontare la disciplina musicale sotto un innovativo punto di vista, con un metodo differente e volutamente singolare: attraverso la codificazione delle regole d'esecuzione e del relativo suo studio.*

Il progetto è sperimentale e nell'intento di unire due materie scientifico disciplinari diversissime, tanto precise quanto sublimi: il rigore nobile delle regole articolate ed il fascino dell'arte musicale."

E' pertanto davvero auspicata una integrazione (e quindi un completamento) della disciplina sostanziale con una fruizione interattiva del Codice in questione, al fine di perfezionare una conoscenza scientifica che non può che esistere sulla salda base di regole certe.

La Musica va vissuta sino in fondo, conoscerla e riscoprirla continuamente, per esprimersi con una marcia in più nei confronti di chiunque. Questo Manuale. Assieme al suo Codice - si pone principalmente questo obiettivo.

Auguro dunque a tutti una buona lettura, un buon studio e soprattutto una buona musica!

---

[7] L'introduzione de "Il Codice della Chitarra" assieme a "l'Onere di osservanza" è consultabile dal blog ufficiale personale dell'Autore nel seguente web link: http://grazianodurso.blogspot.it/p/codice-della-chitarra.html

2. POSIZIONE DELLE MANI SULLA CHITARRA

Questa qui di seguito è l'impostazione consigliata per lo studio della chitarra a plettro in posizione seduta. Data la libertà e lo svincolo dai canoni della musica classica ognuno è libero di assumere l'impostazione più comoda, ma per una corretta ed ottimale esecuzione si consiglia di seguire i consigli qui di seguito.

A differenza della Impostazione da assumere nello studio della Chitarra Classica (come genere musicale), nello studio della chitarra a plettro non vi è una particolare posizione ferrea da rispettare, con determinati canoni e simmetrie, ma vi è comunque un certo livello di precisione.

Il fianco concavo della chitarra (inferiore, che dirige il manico verso sinistra) poggia sulla gamba destra, senza poggiapiedi (come nella Chitarra Classica), né inclinazioni particolari, ma non deve sussistere spazio aperto tra fianco della chitarra e gamba; la schiena deve stare dritta, così come il collo e la testa.

La mano destra (a differenza della quale nella Chitarra Classica in cui da pollice ad anulare le dita prendono i nomi di: p, i, m, a) tiene il plettro tra pollice ed indice rivolgendo la punta verso le corde, e le altre dita (medio, anulare, e mignolo) non vengono utilizzate (se non per mantenere una certa stabilità, ma solo nella solistica, ed in casi molto particolari); il movimento consiste - nella Ritmica - solo nella rotazione del gomito (considerando che il braccio poggia sul fianco superiore della chitarra, e l'avambraccio è chiuso e rivolto verso il centro dello strumento) con il polso fermo; invece nella Solistica, dove comprensibilmente vanno sollecitate le corde una alla volta, il movimento rotatorio avviene nel polso, col il gomito fermo.

La mano sinistra è quella che ci interessa particolarmente: le dita (da indice a mignolo) prendono i nomi di 1, 2, 3, 4. Il pollice non viene utilizzato se non per acquisire stabilità: sotto certi aspetti è molto importante in quanto senza la presenza del pollice non si avrebbe quella fermezza nella impugnatura necessaria per la corretta pressione delle altre dita sulle corde (soprattutto in caso di barré).

Nella solistica ogni dito, se da un canto gode di uno spazio privilegiato sull'intercetta corda/tasto, che non deve condividere con nessun'altro dito, dall'altro deve rigidamente contenersi entro il proprio tasto, né tanto meno toccare l'asticella metallica che divide un tasto dall'altro chiamata "fret".

Il pollice sta in coincidenza del dito medio, e nascosto dietro al manico della chitarra, anche quando tale dito (medio) non è utilizzato nell'accordo o nella scala, ed anche quando c'è da eseguire un barré, il pollice non deve spostarsi né in coincidenza dell'indice, né in coincidenza delle altre due dita, per questioni di equilibrio: il medio è il baricentro delle quattro dita in quanto la forza scaturita dall'indice è pressoché pari a quella scaturibile da anulare e mignolo insieme (p.es.: qualora la mano sinistra dovesse assumere una posizione tale da porre l'indice al primo tasto, il pollice starà in coincidenza del secondo).

I polpastrelli delle dita sulla tastiera devono poggiare perpendicolarmente, a "martelletto" in modo da creare tra la tastiera e l'unghia un angolo di 90° rivolto verso l'esecutore o studente.

Il barré è un elemento fondamentale dello studio della ritmica, e uno dei primi ostacoli da superare (solitamente incontrato al terzo giro armonico standard prima serie nel Si-): la posizione che deve assumere l'indice nel barré deve essere di completa rigidità, poiché per poter riuscire a intercettare tutte e sei le corde è necessario che non si creino curvature nel dito, e soprattutto tra nocca e punta del dito deve potersi poggiare una qualsiasi matita o righello potendo toccare le due estremità senza curve o dislivelli.

Per una migliore esecuzione di questo importante elemento della ritmica chitarristica si consiglia di esercitare la maggior pressione su un punto ben determinato del dito, il quale così eviterebbe curve concave del dito: la falange.[8]

Sussidiariamente è sempre possibile adoperare le medesime posizioni per lo studio dello strumento indicate nella Chitarra Classica, sia per chi abbia già tale impostazione (non volendo contaminarla), sia per chi per eleganza la preferisca a questa (più comoda).

---

[8] Si definisce **falange** ciascuna delle ossa che, articolandosi tra loro e con le ossa del metacarpo o del metatarso, compongono un dito della mano o del piede. Generalmente si contano, tanto nel piede quanto nella mano, 14 falangi, delle quali due compongono il primo dito (il pollice nella mano e l'alluce nel piede) mentre le restanti, tre per dito, compongono le ultime quattro dita. A ciascuna falange viene dato un nome solitamente formato dal termine falange accompagnato da un aggettivo che ne identifichi la posizione o i rapporti. In alternativa si usa invece un nome che ne identifichi la grandezza. Si ha così che il termine **falange** può anche identificare la prima e più lunga tra le falangi di un dito. In questo caso le restanti falangi sono dette, in ordine di lunghezza, **falangine** e **falangette**.

3. LE SETTE NOTE E LE CINQUE ALTERAZIONI MUSICALI

In musica, un'**ottava** è l'intervallo tra una nota musicale ed un'altra, con lo stesso nome, la cui frequenza è doppia. L'ottava è il secondo intervallo più semplice in musica, dopo l'unisono. Nella scala cromatica, la distanza è di dodici note. Nella scala diatonica, l'ottava è distante sette note. L'ottava, nel sistema musicale occidentale, è divisa in dodici semitoni; due semitoni compongono un tono.

OTTAVA PIANOFORTE:

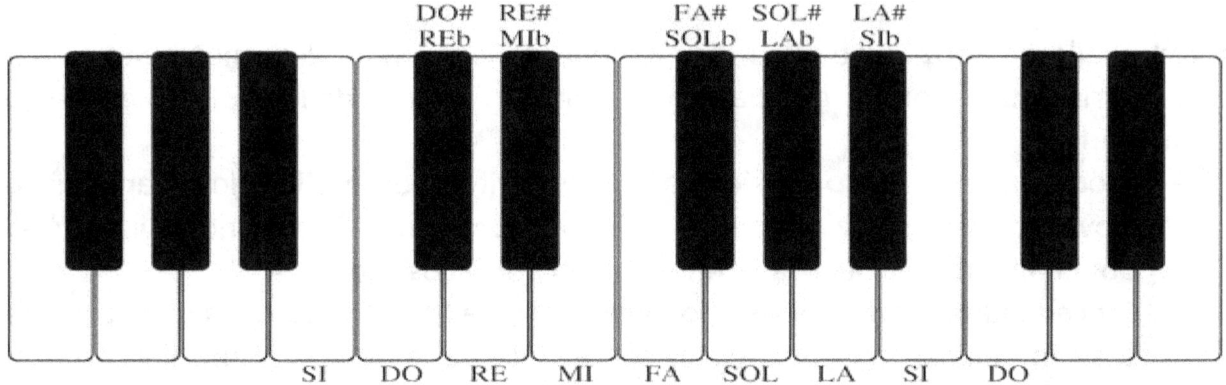

L'ottava del pianoforte è formata da sette tasti bianchi e cinque (# e b) tasti neri, quindi dodici semitoni o sei toni. Ci riferiamo a quell'intervallo da DO a SI procedendo di un semitono per volta:

OTTAVA CHITARRA:

Nella chitarra l'ottava è formata da dodici tasti scanditi da punti sulla tastiera, con riferimento delle sei corde MI (cantino) SI SOL RE LA MI (grave), che all'aumentare dei tasti ne aumentano i semitoni:

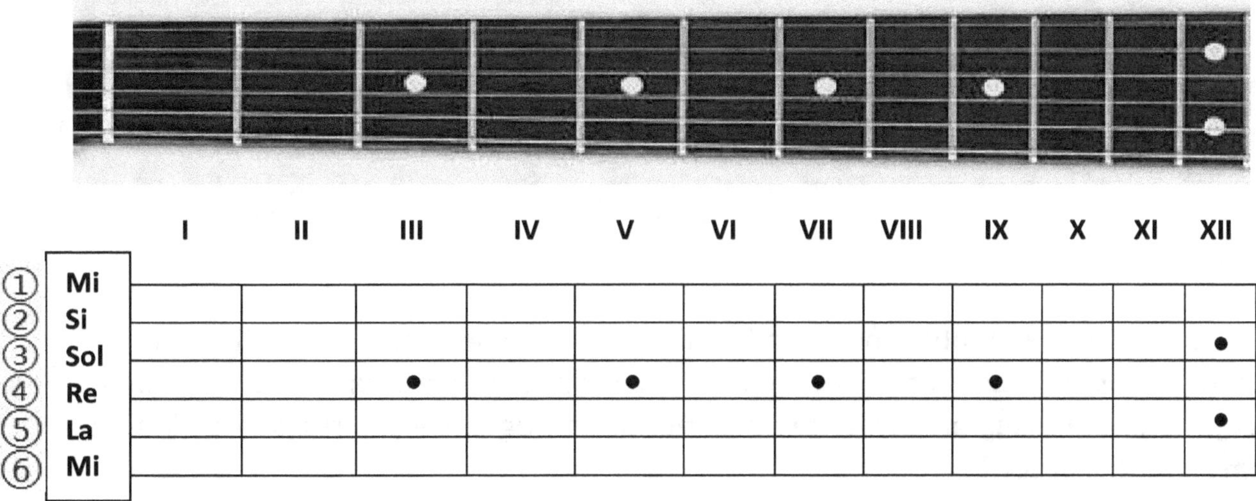

4. CICLICITA' DEI RAPPORTI FRA LE NOTE

Per la costituzione degli accordi può essere utilizzato un meccanismo molto semplice che si fonda tanto su principi matematici, quanto geometrici, ovviamente risultante dalla disposizione riorganizzata delle note secondo uno schema logico e non cromatico. Questo meccanismo prende il nome di ciclo, il quale ha come più completa ed esauriente espressione nel ciclo (o circolo) delle quinte (giuste).

CICLO DELLE QUINTE GIUSTE (e delle quarte giuste)

Il ciclo delle quinte prevede una disposizione dodecagonale delle note intorno ad una corrispettiva forma geometrica secondo l'ordine delle quinte giuste o dominanti.

- Procedendo **in senso orario** (da notare il riferimento all'orologio analogico) troviamo in sequenza la quinta giusta o dominante di ogni nota: il Sol è la dominante del Do, il Re la dominante del Sol, e così via.
- Procedendo **in senso antiorario** invece si trova la sequenza della quarta giusta o sottodominante di ogni nota, che è necessaria per costituire l'accordo di quarta: il Fa è la sottodominante del Do, il La# è la sottodominante del Fa, e così via.

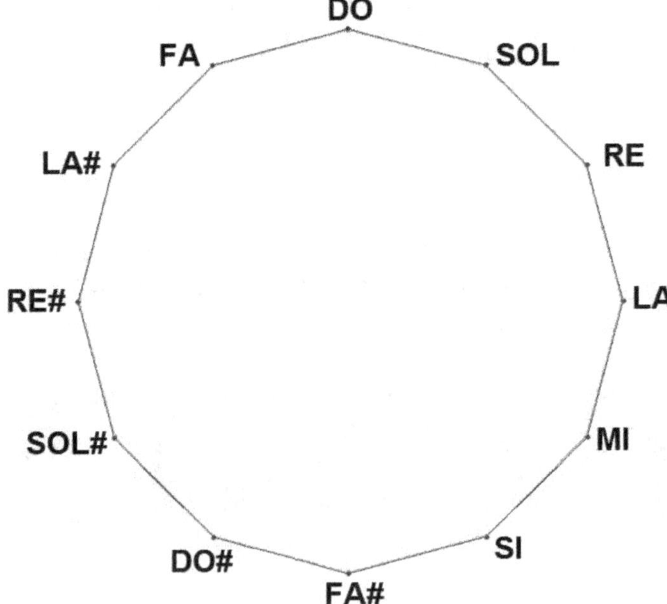

Dal ciclo delle quinte sono estraibili altri vari cicli che servono alla rilevazione di ulteriori rapporti (Es. terza maggiore, terza minore, settima minore, seconda maggiore, sesta maggiore, sesta minore) per la conseguente costruzione delle varie sfumature dell'accordo.

CICLO DELLE SECONDE MAGGIORI (e delle settime minori)

Per la comprensione di tale ciclo bisogna seguire un ragionamento matematico-geometrico necessario per il raggiungimento della soluzione del problema.

Il consueto dodecagonale Ciclo delle quinte si sdoppia in due esagonali cicli che prendono il nome di "Cicli delle seconde maggiori".

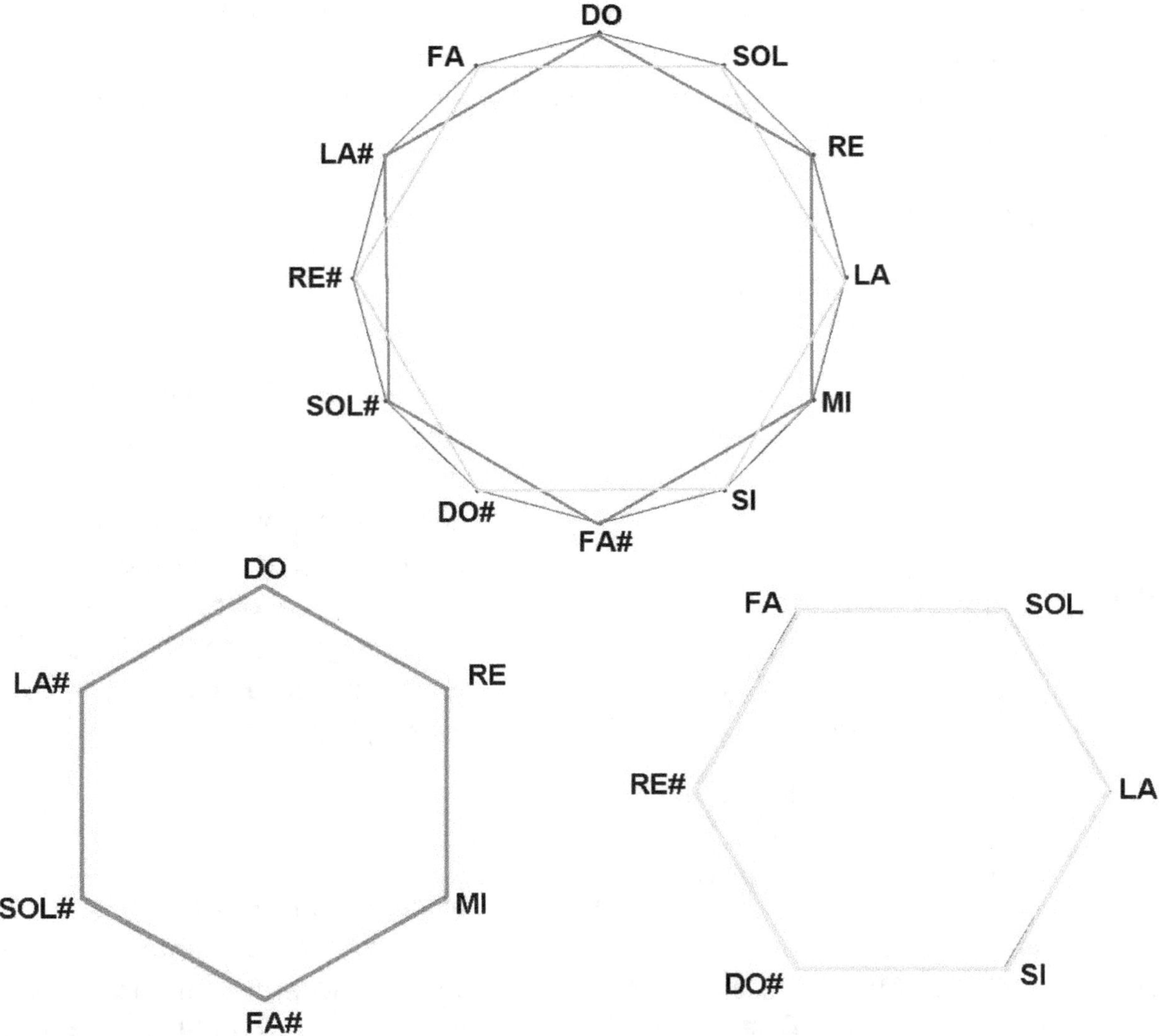

- In **senso orario**, in entrambi gli esagoni, troviamo in sequenza la seconda maggiore di ogni nota: il Re è la seconda maggiore del Do, il Sol è la seconda maggiore del Fa, e così via.
- In **senso antiorario**, in entrambi gli esagoni, troviamo, con maggiore interesse, in sequenza la settima minore di ogni nota, che ci permette di costituire gli accordi di settima: il La# è la settima minore del Do, il Re# è la settima minore del Fa, e così via.

CICLO DELLE TERZE MAGGIORI (e delle seste minori)

Innanzitutto il ciclo delle terze maggiori vede in sé una suddivisione in quattro sottocicli distinti che, ognuno per sé come una famiglia, è un ciclo di terza maggiore. Le quattro famiglie (che in seguito vedremo essere triangoli equilateri) nascono da:

- o una doppia suddivisione del nostro dodecagono d'origine (il ciclo delle quinte) in due esagoni distinti (cicli delle seconde maggiori) e poi ogni esagono a sua volta in due, componendo i triangoli equilateri consistenti nei cicli delle terze maggiori;
- o in una divisione in quattro triangoli equilateri del nostro dodecagono d'origine.

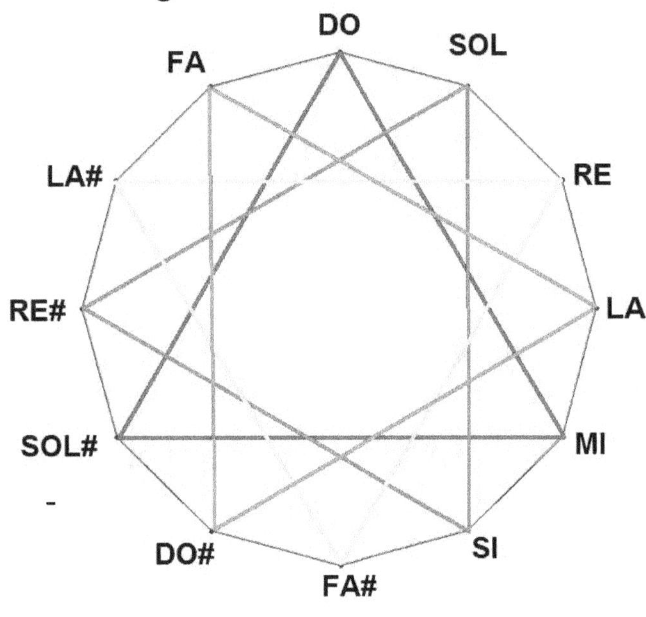

- **In senso orario** troviamo in ogni triangolo equilatero l'intervallo di terza maggiore di ogni nota, necessario per costituire gli accordi maggiori: Il Mi è la terza maggiore del Do, il Sol# è la terza maggiore del Mi, il Do è la terza maggiore del Sol#, e così via negli altri triangoli.

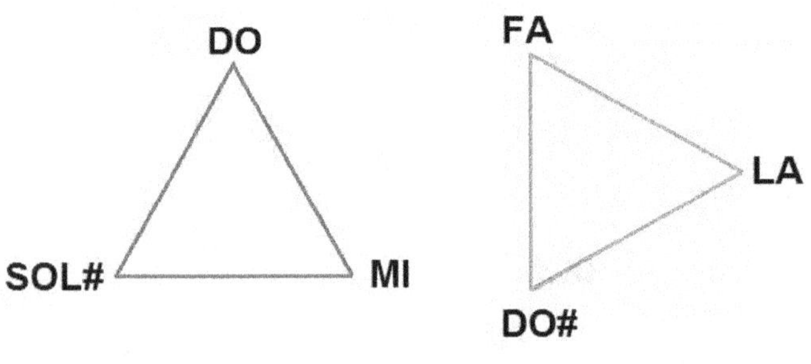

- **In senso antiorario** troviamo in ogni triangolo l'intervallo di sesta minore di ogni nota: il Fa è la sesta minore del La, che a sua volta lo è del Do# e così via per tutti i triangoli.

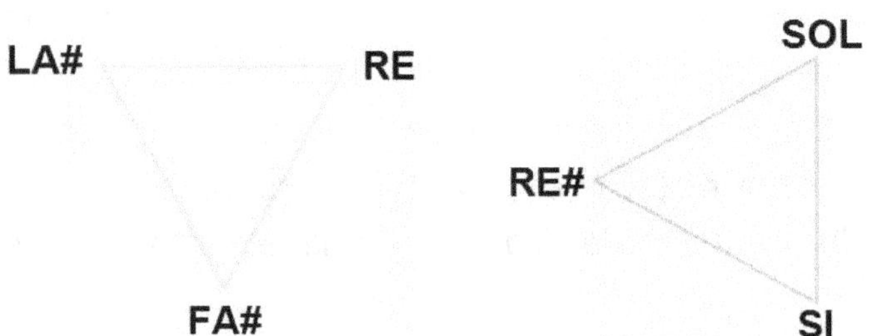

CICLO DELLE SESTE MAGGIORI (e delle terze minori)

Il ciclo delle terze minori è inquadrabile in tre quadrati uguali estraibili dal nostro dodecagono d'origine; ogni quadrato, contenente quattro note, compone a sé una famiglia che si distingue dalle altre due.

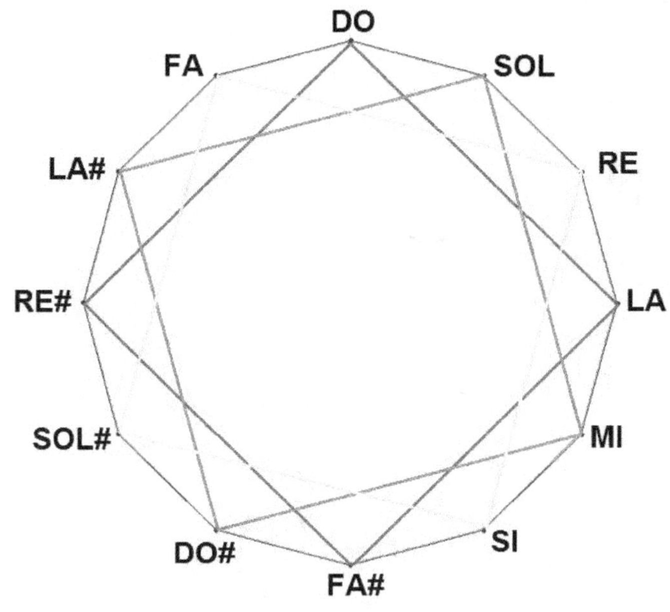

- **In senso orario** troviamo in ogni quadrato l'intervallo di sesta maggiore di ogni nota: il La lo è del Do, il Do lo è del Re#, il Re# lo è del Fa# il Fa# lo è del La, e così vale per gli altri quadrati.

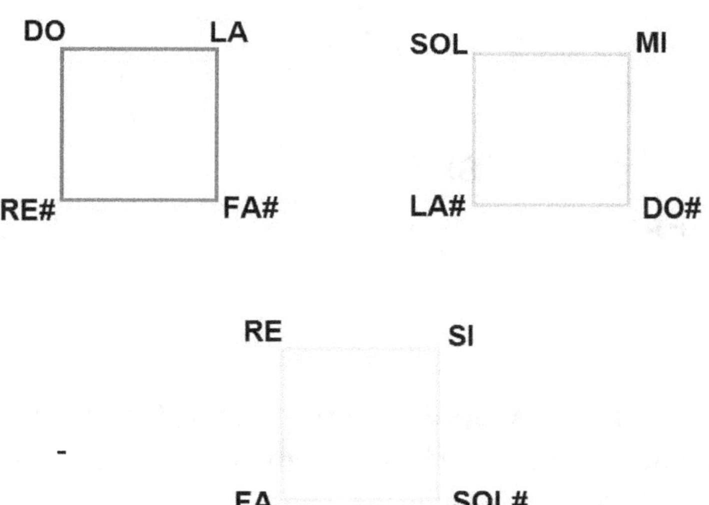

- **In senso antiorario** troviamo in ogni quadrato l'intervallo di terza minore di ogni nota, necessario per costituire gli accordi minori: Il Re# è la terza minore del Do, il Do è la terza minore del La, il La è la terza minore del Fa#, il Fa# è la terza minore del Re#, e così via negli altri quadrati.

CICLO DELLE SETTIME MAGGIORI (e delle seconde minori)

Il ciclo delle settime maggiori e delle seconde minori, a differenza dei precedenti cicli, presenta l'anomalia (simile al ciclo delle quinte giuste e delle quarte giuste) di avere una sola figura geometrica: in questo caso una stella dodecagonale non scomponibile in immagini più piccole (come ad es. il ciclo delle terze maggiori e delle seste minori) che parte e termina nello stesso punto.

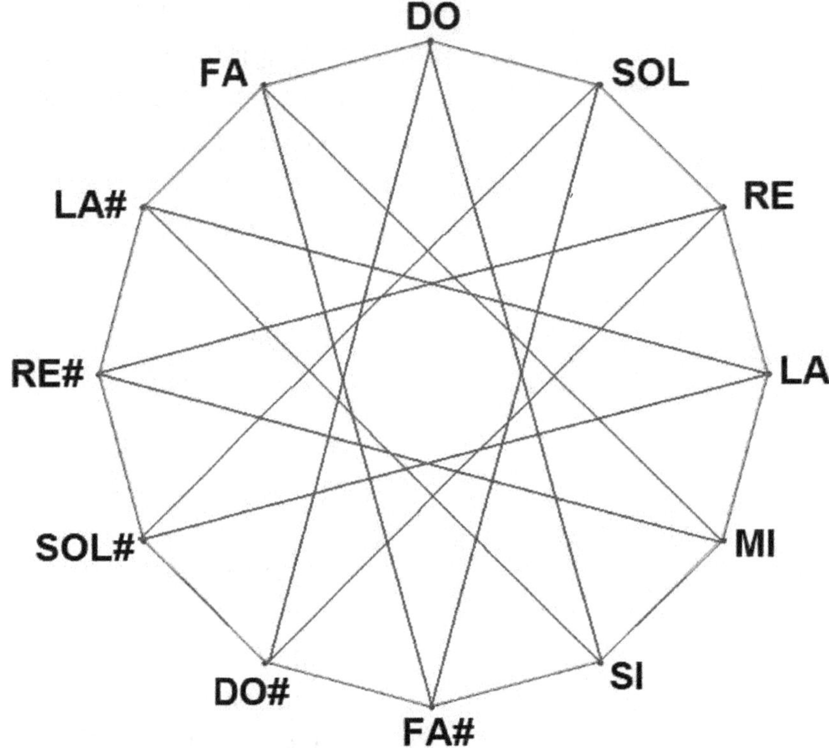

- **In senso orario** si possono riscontrare i rapporti di settima maggiore di cui ogni nota è il semitono precedente: così sarà ad esempio il Si settima maggiore di Do, il Do di Do#, il Re di Do#, e così via.

- **In senso antiorario** si possono riscontrare per simmetria i rapporti di seconda minore di cui ogni nota è il semitono successivo: così sarà ad esempio il Do del Do#, il Do# del Re, il Re del Re#, e così via.

CICLO DELLE QUARTE AUMENTATE O DELLE QUINTE DIMINUITE

Il ciclo delle quarte aumentate o delle quinte diminuite differisce con tutti i cicli precedenti: presenta sei figure a forma di semplice segmento e non presenta alcuna differenza tra il senso orario ed il senso antiorario in quanto il rapporto è il medesimo. La distanza tra la "Prima o Tonica" e la nota di tale rapporto è di sei semitoni, cioè di tre semplici toni. Le note si dispongono solo a coppia:

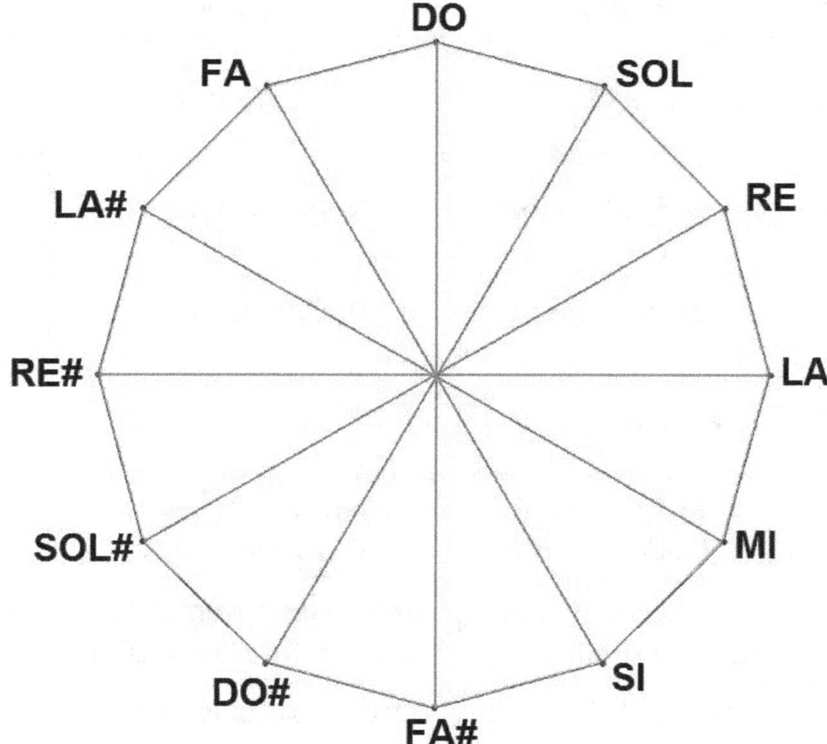

- **In senso unico** il Fa# è quarta aumentata o quinta diminuita del Do e viceversa, così anche per Sol e Do#, Re e Sol#, La e Re#, Mi e La#, Fa e Si. Il senso è unico e solo in quanto reciproco e non vi è differenza di rapporto se lo si osserva in senso contrario. Il rapporto di quarta aumentata o quinta diminuita si trova precisamente in mezzo tra il minore rapporto che è quello di seconda minore, ed il maggiore che è di settima maggiore.

5. TONALITA' DEI RAPPORTI FRA LE NOTE

Questa tabella consiste nella determinazione dei rapporti delle note con il Do, preso in questo caso come punto di riferimento standard. Una volta raggiunta la "settima maggiore" quale undicesimo semitono dopo il Do, si ha nuovamente il Do in "ottava (giusta)" alta, e ciò che era "seconda minore" quale Do# un semitono dopo il Do, al tredicesimo semitono prende il nome di "nona minore". Tale configurazione può essere determinata quindi in due ottave fino al raggiungimento della "Quindicesima alta" che non è altro che, in questa caso, un Do.

1	DO	Prima TONICA	Ottava (giusta) TONICA	
2	DO#	Seconda Minore	Nona Minore	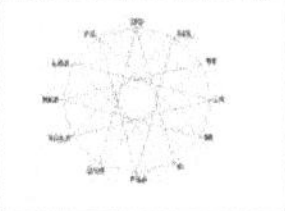
3	RE	Seconda Maggiore	Nona Maggiore	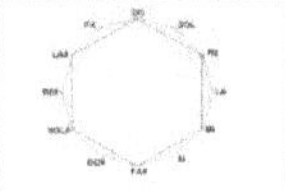
4	RE#	Terza Minore	Decima Minore	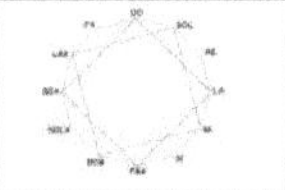
5	MI	Terza Maggiore	Decima Maggiore	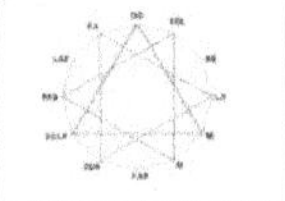
6	FA	Quarta (Giusta) Sottodominante	Undicesima (Giusta) Sottodominante	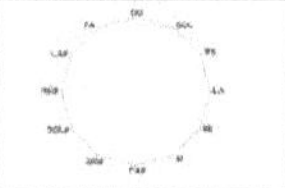
7	FA#	Quarta Aumentata Quinta Diminuita	Undicesima Aumentata Dodicesima Diminuita	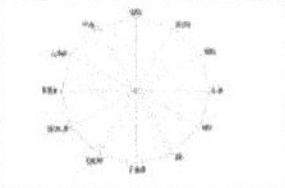
8	SOL	Quinta (Giusta) Dominante	Dodicesima (Giusta) Dominante	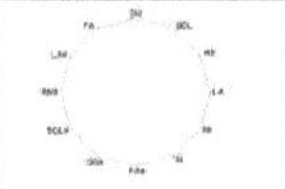
9	SOL#	Quinta Aumentata Sesta Minore	Dodicesima Aumentata Tredicesima Minore	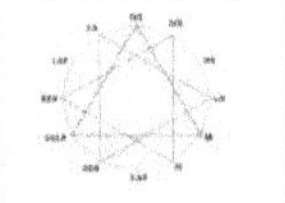
10	LA	Sesta Maggiore	Tredicesima Maggiore	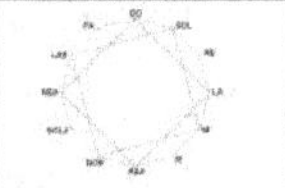
11	LA#	Settima Minore	Quattordicesima Minore	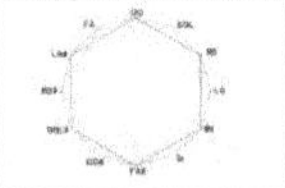
12	SI	Settima Maggiore	Quattordicesima Maggiore	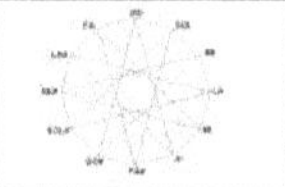

6. RITMICA CHITARRISTICA

In questa sezione del manuale (sicuramente la più estesa) è affrontato l'argomento "Ritmica" col quale si vuole indicare quella grande categoria disciplinare all'interno della quale figurano innanzitutto i giri armonici, la costruzione degli accordi, le pennate, l'arpeggio.

Lo studioso da questo manuale rimarrebbe deluso senz'altro se trovasse i classici sei giri armonici ritrovabili in qualsiasi manuale o sito internet, ma non bisogna sconvolgersi se in "Ritmica-Mente" si troveranno ben trentasei giri armonici: dodici per ogni metodo: standard, LAMI, REDO. Il metodo standard corrisponderà per metà (limitatamente quindi ai primi sei giri armonici) alla conoscenza comune di questa materia, come detto sopra, riscontrabile ovunque; i restanti sono frutto di una elaborazione concreta dell'argomento: i metodi LAMI e REDO sono costruiti a media ed alta tastiera e ricoprono il compito di indirizzare lo studioso ad una conoscenza totale della tastiera.

In questo manuale, e segnatamente in questa sezione, fanno testo anche i giri armonici *blues* (maggiori e minori), nonché tentativi propedeutici di giro armonico *jazz* (giri beta e gamma armonici).

La costruzione degli accordi mira alla comprensione della loro fisionomia costitutiva, alla configurazione armonica dettata dalle pillole di teoria presenti nella prima sezione "Le Dodici Note Musicali", segnatamente dalla ciclicità.

Le pennate sono l'energia fondamentale della ritmica la quale si manifesta solo mediante queste, e sono presenti nel manuale alle pagg. 51-56.

L'arpeggio lo si può considerare come l'anello mancante tra la ritmica e la solistica chitarristica, in quanto ha l'esecuzione di accordi mediante sollecitazione delle corde consecutiva ma non in sincronia come nella pennata. L'andamento può assomigliare a quello dell'esecuzione delle scale, ed infatti è proprio da questo ramo che l'arpeggio mutua moltissimo.

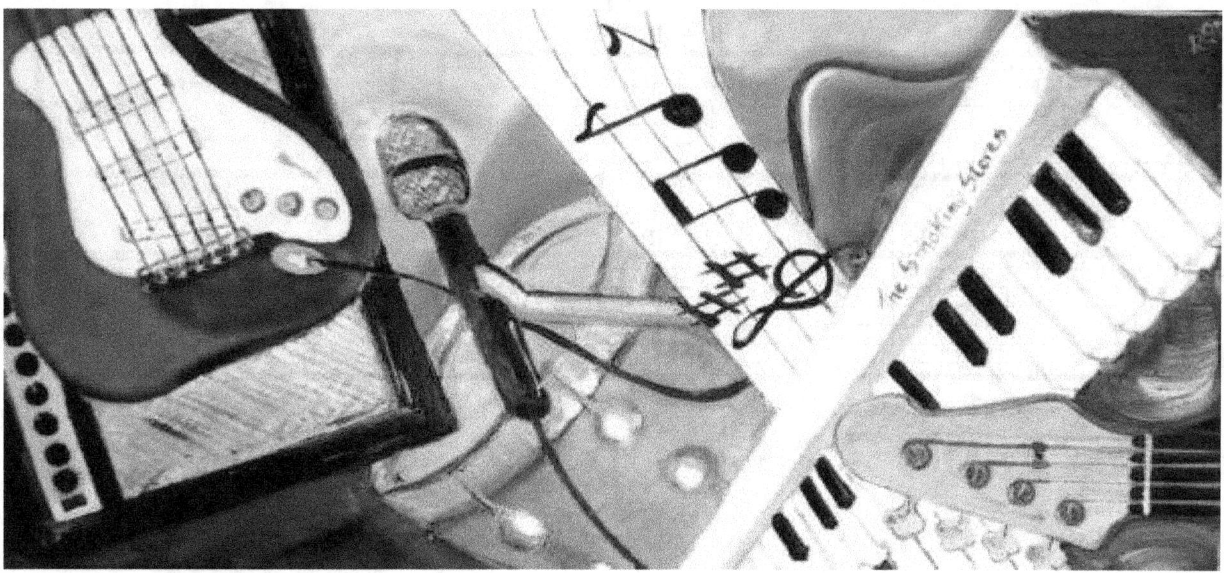

7. GIRI ARMONICI (Standard)

Prima serie

Il giro armonico (uno per ogni nota dell'ottava) è una impalcatura sulla quale si costruisce l'andamento della melodia; è un costrutto convenzionale per l'apprendimento facile e veloce "universale" conosciuto da tutti musicisti, ed utilizzato anche come base per le improvvisazioni, oltre a canzoni conosciute ed orecchiabili. Nel grafico qui di seguito i numeri cerchiati (① ② ③ ④ ⑤ ⑥) indicano le sei corde della chitarra, dalla più acuta alla più grave [rispettivamente: MI (cantino), SI, SOL, RE, LA, MI (grave)]; i numeri non cerchiati (1 2 3 4) ma inseriti all'interno di pallini o barré neri (l'intercetta del dito sulla corda) indicano la diteggiatura (rispettivamente: indice, medio, anulare, mignolo); i numeri romani (I, II, III, IV, V, VI, VII, VIII, IX, X, XI, XII, etc.) indicano i tasti della chitarra; le corde fregiate di una "X" tendenzialmente non devono esser sollecitate in quanto dissonanti. Ogni giro armonico prende il nome del suo primo accordo, e segue sempre lo schema:

Maggiore	
Minore	3 semitoni più <u>basso</u> rispetto al primo accordo
Minore	2 semitoni più <u>alto</u> rispetto al primo accordo
Maggiore settima	5 semitoni più <u>basso</u> rispetto al primo accordo

Il che comporta:

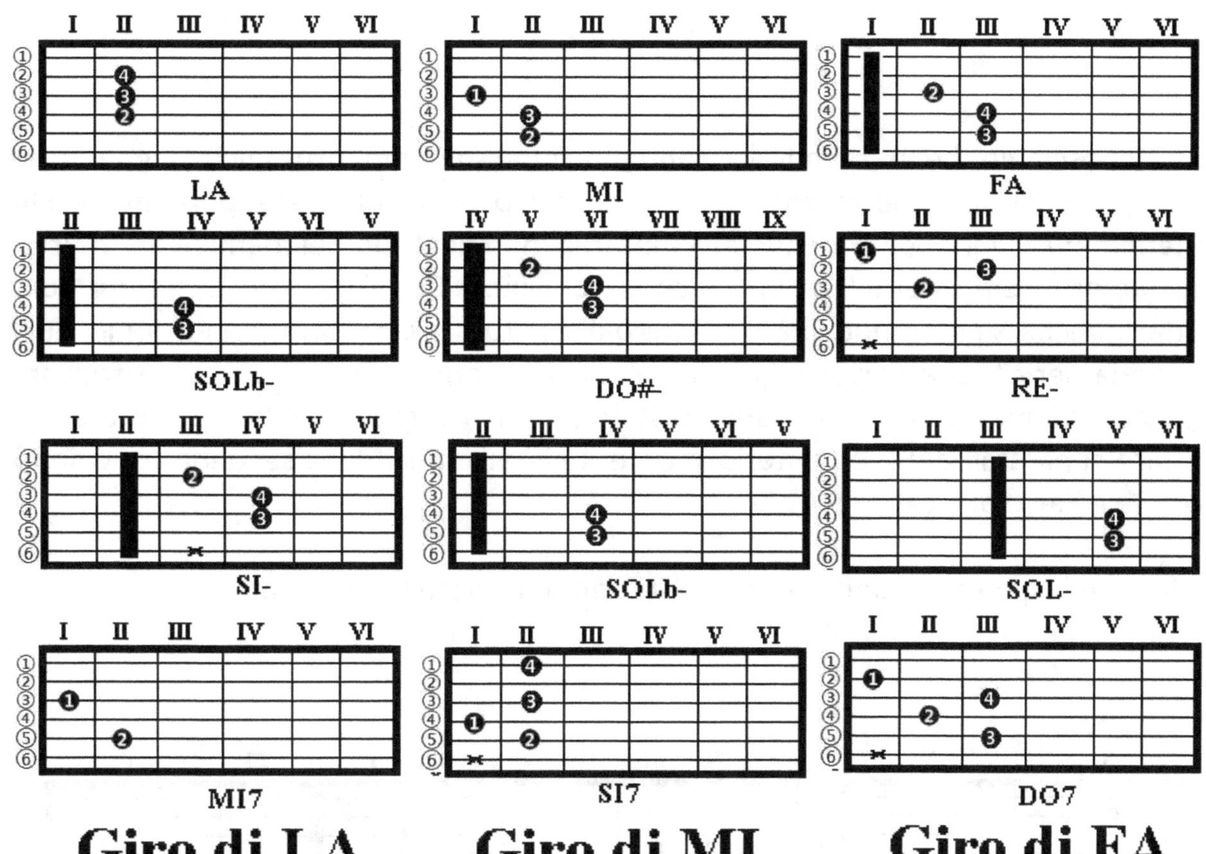

Giro di LA   Giro di MI   Giro di FA

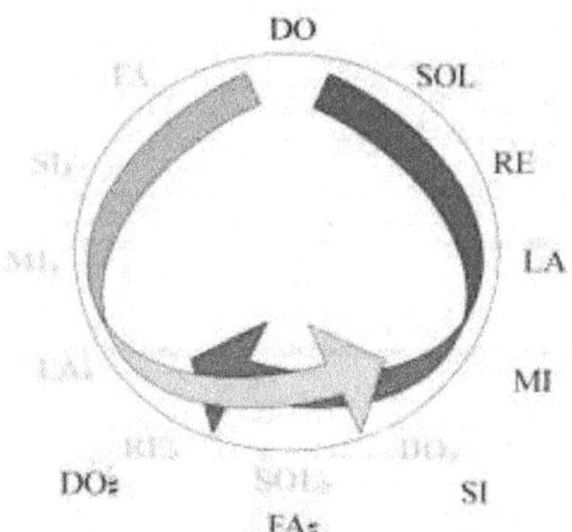

Questi sono solo alcuni dei giri armonici (Prima serie) e mancano da questo elenco i giri più complessi appartenenti alla "Seconda serie" per i quali necessita non solo una conoscenza più ampia dell'argomento ma anche un'ancora più consolidata tecnica esecutiva del barrè. I giri armonici si presentano in realtà con schema diverso seguendo il ciclo delle quinte così come nell'immagine accanto (ciclo delle quinte), e così come nella tabella qui sotto (Giri armonici secondo il ciclo).

Do	Sol	Re	La	Mi	Si	Fa#	Do#	Sol#	Re#	La#	Fa
La-	Mi-	Si-	Fa#-	Do#-	Sol#-	Re#-	La#-	Fa-	Do-	Sol-	Re-
Re-	La-	Mi-	Si-	Fa#-	Do#-	Sol#-	Re#-	La#-	Fa-	Do-	Sol-
Sol7	Re7	La7	Mi7	Si7	Fa#7	Do#7	Sol#7	Re#7	La#7	Fa7	Do7

Do# = Reb   Re# = Mib   Fa# = Solb   Sol# = Lab   La# = Sib

Seconda serie

Conosciamo bene quindi la configurazione dei giri armonici (seguente la naturale ciclicità), e pertanto sarebbe limitativo non analizzare pure quelli che generalmente, pur appartenendo alla materia, non figurano nei manuali di ritmica o nei numerosi siti internet adibiti a corsi "on line". Per l'appunto qui sotto sono trattati, anche se con modalità difformi dalla naturale ciclicità, i giri armonici della "seconda serie", che trovano giustificazione nel capitolo relativo alla costruzione degli accordi maggiori e minori sulla tastiera, ma per ragioni didattiche si preferisce trattare separatamente, ed anteriormente. I giri armonici della seconda serie sono: Do#, Re#, Fa#, Sol#, La#, e Si.

Nella tabella qui sotto sono riportati i giri armonici di Do#, Re# e Fa#.

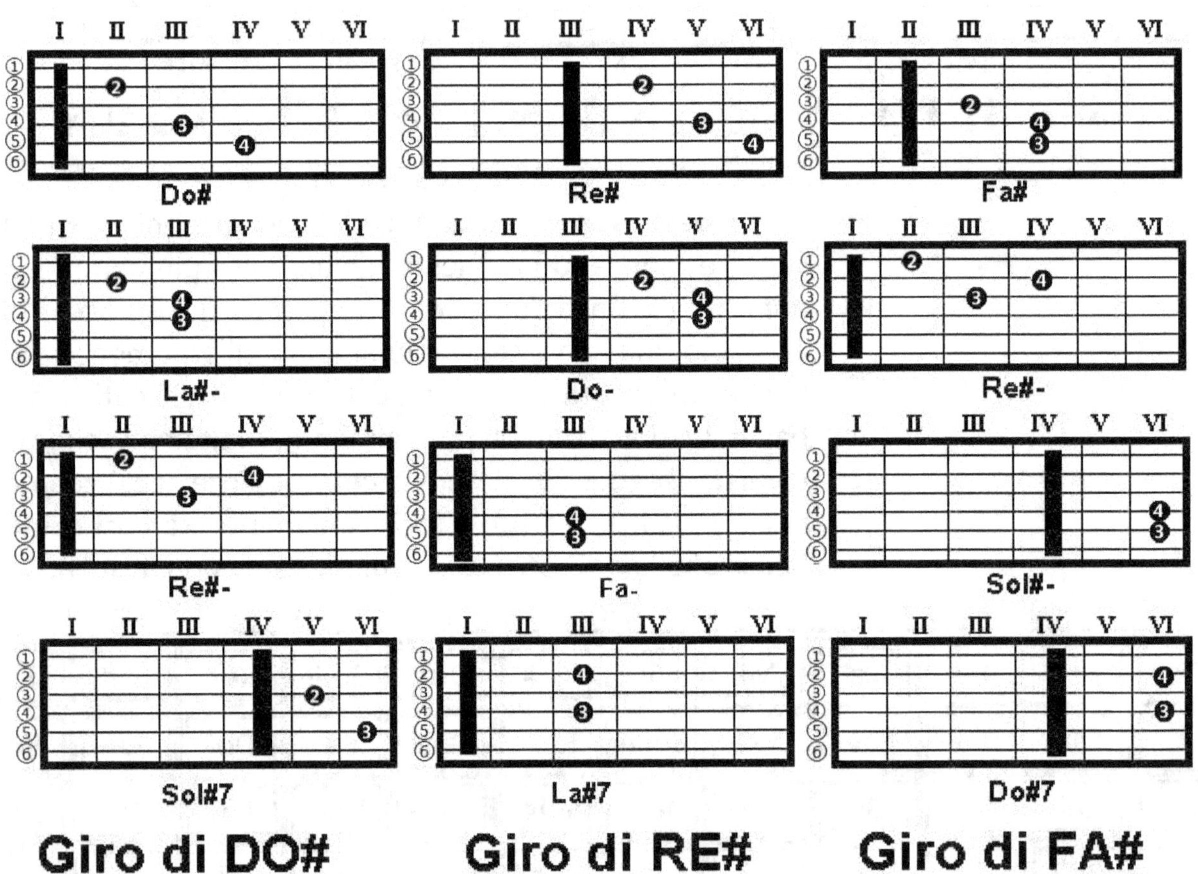

Non deve stupire la presenza del giro di Si nella categoria dei giri armonici della Seconda serie (il quale didatticamente potrebbe anche essere trattato immediatamente dopo ai giri armonici della Prima serie) in quanto presenta strutturalmente caratteristiche attribuibili a quelle della seconda, infatti si può naturalmente dedurre la somiglianza tra il giro armonico di La# e quello di Si (i quali differiscono per l'intiero di un semplice semitono).

Nella tabella qui sotto sono riportati i giri armonici di Sol#, La# e Si.

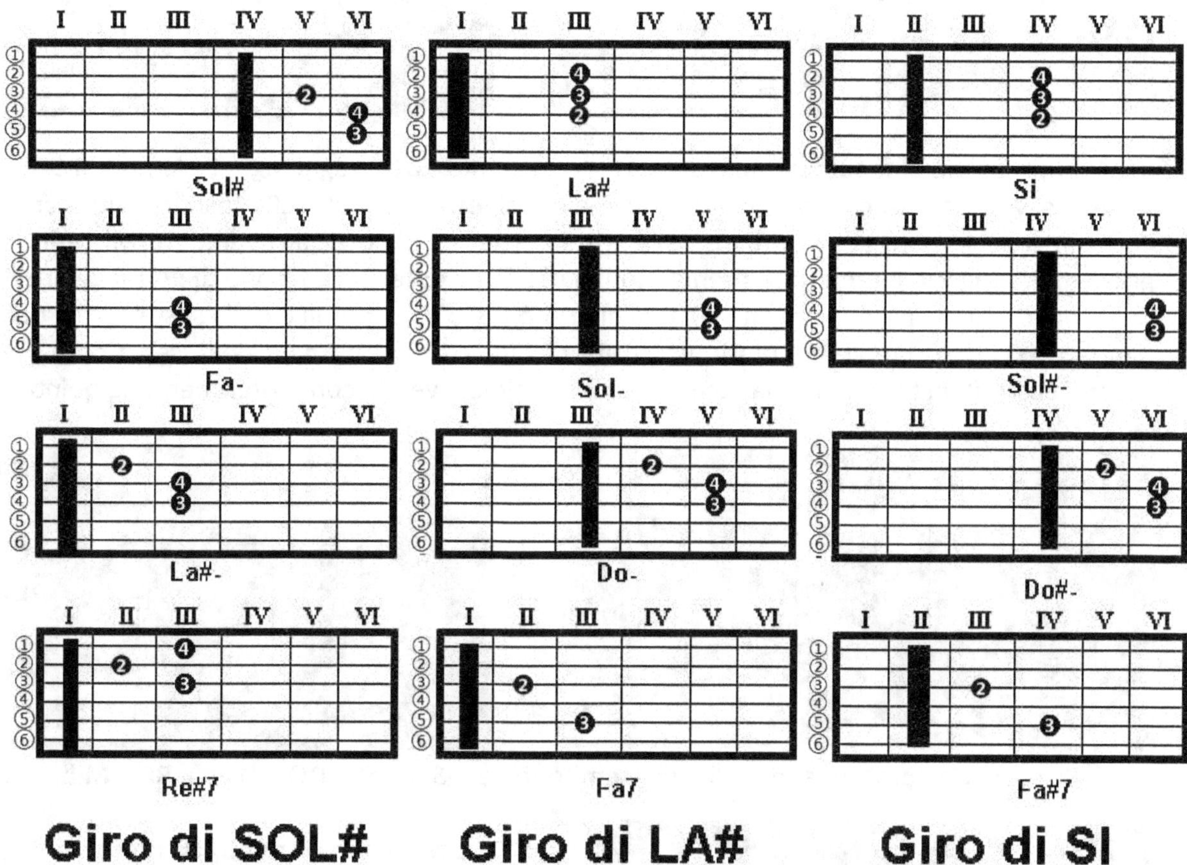

Caratteristiche di costruzione di questi giri armonici (Seconda serie) sono riscontrabili nella categoria dei giri armonici di LAMI e di REDO, in quanto giri armonici costruiti sulla tastiera. Queste due nuove altre categorie devono però essere precedute da alcuni concetti chiave che aiuteranno a comprendere meglio l'argomento, quali le costruzioni degli accordi maggiori e minori sulla tastiera, che evidentemente contempleranno (anche se non specificatamente espressi) pure accordi di settima, di quarta, di seconda, e i c.d. accordi diminuiti.

8. COSTRUZIONE ACCORDI MAGGIORI SULLA TASTIERA

Gli accordi sulla tastiera si costruiscono basandosi sullo schema di accordi definiti in prima posizione Mi, La, Do. Da qui nasce il barré, quell'elemento degli accordi che serve all'elevazione della tonalità. Per quanto riguarda il MI, è facilmente deducibile che alzando di un semitono, quindi aggiungendo il barré, si ottiene l'accordo di FA, la stessa cosa vale per il La ed il Do[8].

MI

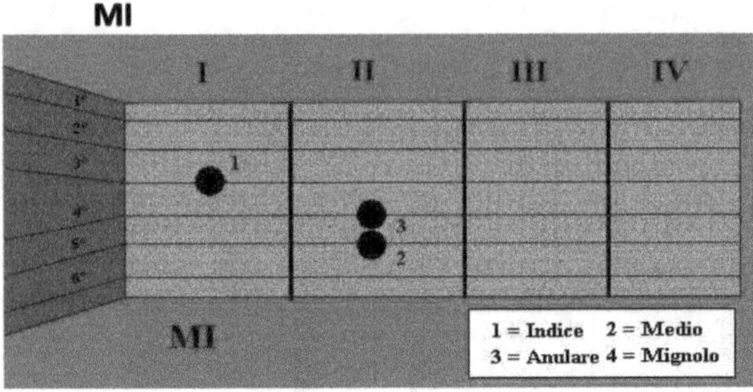

FA

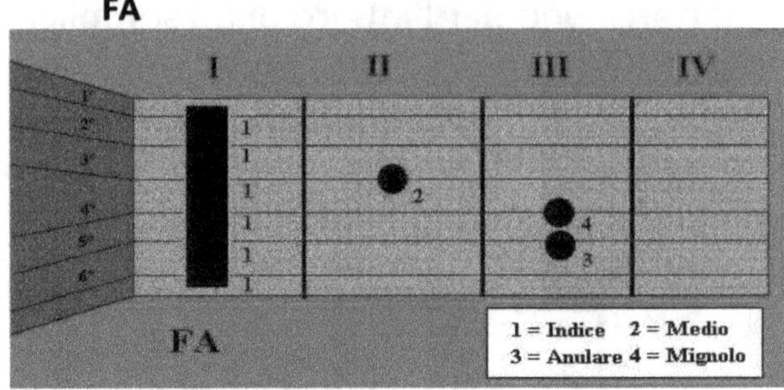

Così proseguendo, aumentando sempre di un semitono, si raggiunge il FA#, poi il SOL, SOL#, LA, e così via. Un punto di riferimento, oltre ai cerchietti disegnati sulla tastiera che scandiscono l'ottava, sono le note della prima e della sesta corda, essendo rispettivamente Mi cantino e Mi grave, che vengono intercettate premendo il barrè su di esse: in posizione di FA maggiore l'indice della mano sinistra preme il Fa che si trova al primo tasto della prima e della sesta corda; quindi ad ogni accordo corrisponde la nota intercettata dall'indice della prima e della sesta corda. Per gli accordi costruiti in forma di LA la tecnica è la medesima, avendo come riferimento la quinta corda:

LA

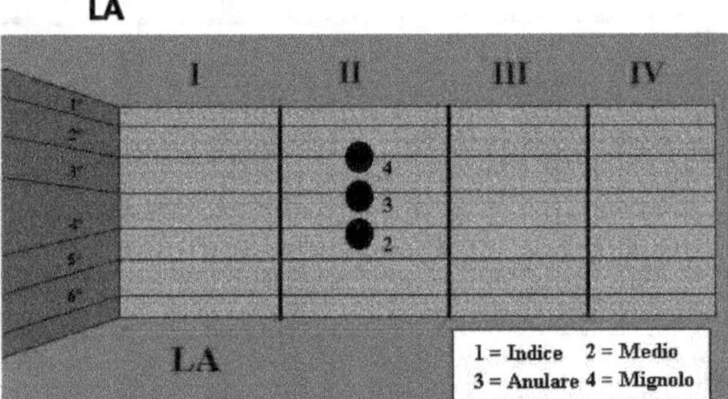

SIb

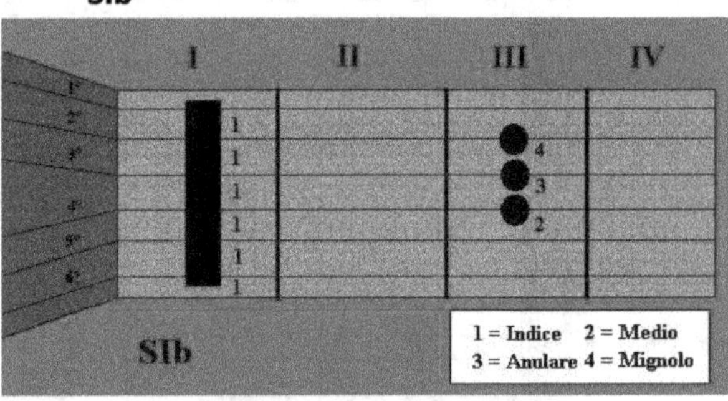

E così via proseguendo di un semitono al Sib, SI, DO, DO#, RE, Mib, MI, etc

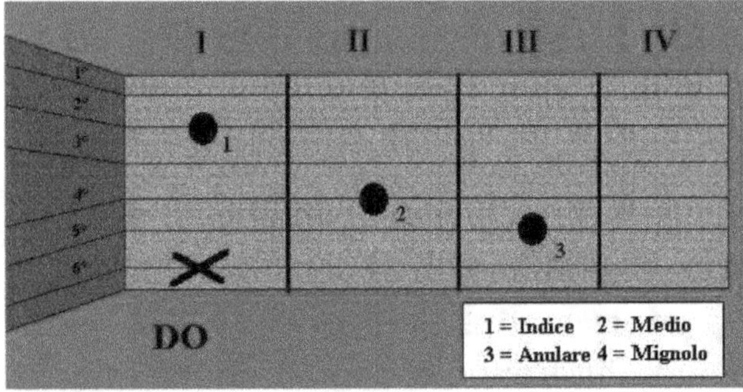

Proseguendo, il punto di riferimento per gli accordi costituiti con la forma del Do è la quinta corda intercettata dal mignolo oppure dal tasto intercettato dal medio (sul Si cantino): bisogna semplicemente anteporre il barré e sostituire a 123 (indice medio anulare), 234 (medio anulare mignolo).

[9] La esplicazione circa la costruzione degli accordi maggiori sulla tastiera (come quella degli accordi minori alla pagina successiva) è qui trattata in termini generalissimi (benché individua un caso specifico!) e limitata alle sole triadi. La disciplina globale (e molto più completa) inerente alla costruzione degli accordi sulla tastiera (comprensiva quindi anche delle tetradi, *i.e.:* le sfumature) è rinvenibile al paragrafo dedicato alle regole di costruzione, ed ancora meglio all'interno dell'opera di disciplina articolata del *"Codice della Chitarra"*.

9. COSTRUZIONE ACCORDI MINORI SULLA TASTIERA

Così come è stato detto per gli accordi maggiori vale per gli accordi minori: Il MIm, aggiungendo un semitono, diventerà FAm, FA#m, SOLm, etc.

MI-

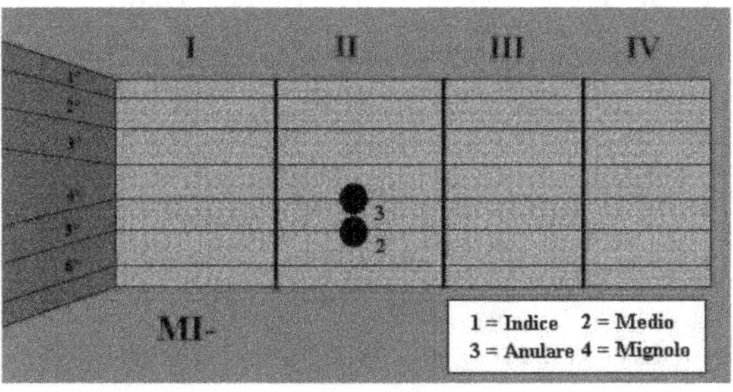

FA-

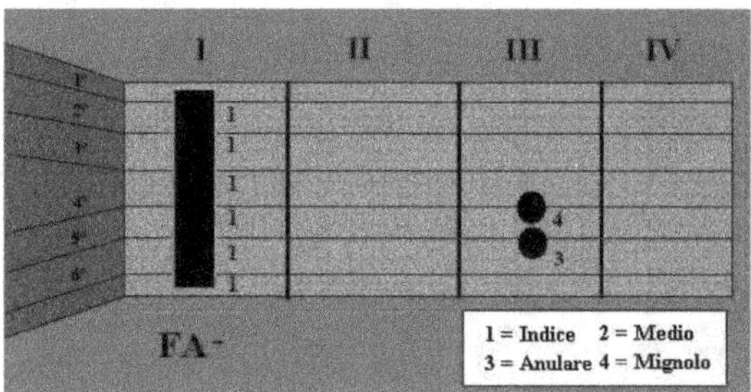

E allo stesso modo LAm più un semitono diventerà SIbm, poi Sim, poi DOm e così via

LA-

SIb-

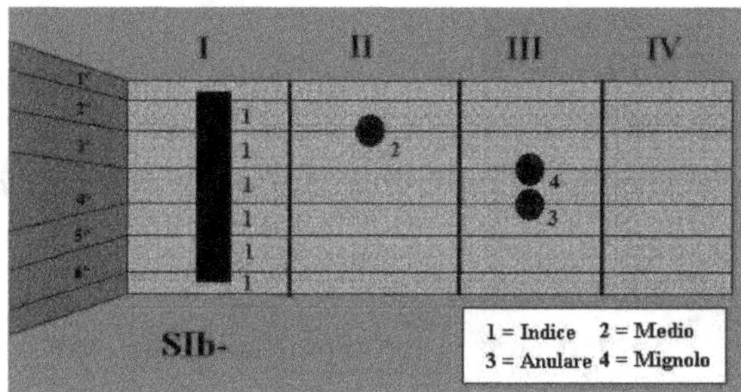

Possiamo pure utilizzare la forma del Rem per altri accordi minori sulla tastiera, anteponendo l'indice in barré, e sostituire a 123 (indice medio anulare), 234 (medio anulare mignolo).

Re-

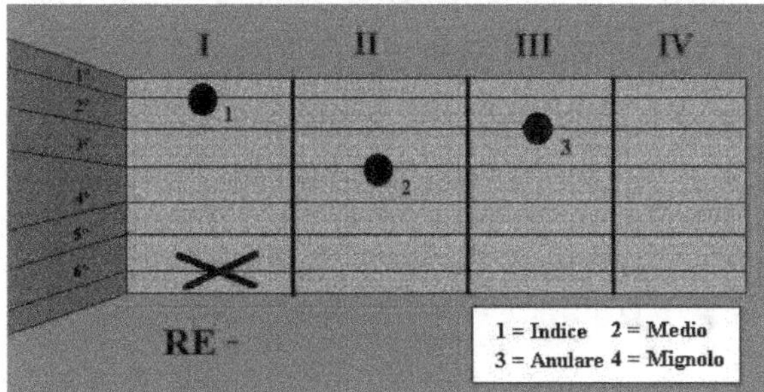

Il punto di riferimento per questo accordo non può che essere o il tasto intercettato dal mignolo (sulla seconda corda: Si cantino), oppure dal tasto intercettato dal barrè/indice (con interesse sulla quarta corda: Re grave.

Nell'immagine un Sol maggiore è eseguito col barré al terzo tasto con la forma del Mi maggiore

10. REGOLE COSTRUZIONE ACCORDI

Una volta compresi i meccanismi esemplificativi come *supra riportati* ampiamente, è possibile ora enucleare alcune regole generali ed astratte per la costruzione degli accordi sulla tastiera, alla luce delle forme degli accordi già esposti e debitamente trattati, per riassumere quel coacervo di accordi altrimenti destinato al solo sterile studio mnemonico. Le regole[10] (puro prodotto di semplice logica matematica) sono le seguenti, e giovano ad aver possesso dell'intera tastiera (conosciute ovviamente le note della corda ⑥, ⑤ e ④):

𝄞 *Regola di Costruzione:*

Nel costruire gli accordi sulla tastiera con le varie forme utilizzate caso per caso, bisogna far scorrere le dita in ordine progressivo qualora si utilizzasse già l'indice (dito n° 1) poiché questo è riservato al barrè. Giacché cambiando l'ordine delle dita (mantenendo stesse corde e stessi tasti, cioè stesse intercette) il risultato non cambia.

𝄞 *Regola del MI:*

*Tutti gli accordi costruiti sulla tastiera con le forme di **Mi, Mi-, Mi7**, Mi-7, Mi4, Mi-4, Mi-2, Mi-7b5, Mi-6, Mi7+, prendono il nome della nota sul tasto intercettata dall'indice (barré) sulla ⑥ corda, mantenendo sempre la sfumatura della forma utilizzata.*

𝄞 *Regola del LA:*

*Tutti gli accordi costruiti sulla tastiera con le forme di **La, La-, La7**, La-7, La4, La-4, La2, La7+, prendono il nome della nota sul tasto intercettata dall'indice (barré) sulla ⑤ corda, mantenendo sempre la sfumatura della forma utilizzata.*

𝄞 *1° Regola del RE:*

*Tutti gli accordi costruiti sulla tastiera con le forme di **Re-, Re7**, Re-7, Re-4, Re2, Re7+, prendono il nome della nota sul tasto intercettata dall'indice (barré) sulla ④ corda, mantenendo sempre la sfumatura della forma utilizzata.*

𝄞 *2° Regola del RE:*

*Tutti gli accordi costruiti sulla tastiera con le forme di **Re-, Re7**, Re-7, Re-4, Re7+, si collocano due tasti più avanti (in valore progressivo) degli stessi accordi costruiti però con le forme di **Mi-, Mi7**, Mi-7, Mi-4, Mi7+.*

𝄞 *Regola del DO:*

*Tutti gli accordi costruiti sulla tastiera con la forma di **Do** prendono il nome della nota sul tasto intercettata dal mignolo sulla ⑤ corda, e non ha variazioni di sfumatura.*

[10] Quelle riportate qui sono solo alcune delle regole che sono riportate interamente nel *"Codice della Chitarra"*, corrispondenti ai Canoni: da 28 a 32. All'interno di quest'opera di musicologia giuridica si può apprezzare tanto l'esplicazione quanto il commento non solo di queste ma di tante altre regole per la più corretta esecuzione della Chitarra.

11. COSTRUZIONE ACCORDO[11]

Maggiore

Allegro, pieno di vitalità: formato, nell'ottava musicale, dal 1° semitono, 5° semitono, e 8° semitono; che in toni si traduce 1 Prima o Tonica, 3 Terza maggiore, 5 Quinta giusta o Dominante. Presente al 1° posto nel giro armonico dal quale accordi prende il nome.

Maggiore	1	3	5
Do =	do	Mi	sol
Do# =	do#	Fa	sol#
Re =	re	fa#	La
Re# =	re#	Sol	la#
Mi =	mi	sol#	si
Fa =	fa	La	do
Fa# =	fa#	la#	do#
Sol =	sol	Si	Re
Sol# =	sol#	Do	re#
La =	la	do#	mi
La# =	la#	Re	Fa
Si =	si	re#	fa#

Minore

Malinconico, ma intenso: formato, nell'ottava musicale, dal 1° semitono, 4° semitono, e 8° semitono; che in toni si traduce 1 Prima o Tonica, 3m Terza minore, 5 Quinta giusta o Dominante. Presente al 2° e 3° posto nel giro armonico.

Minore	1	3m	5
Do- =	do	re#	sol
Do#- =	do#	Mi	sol#
Re- =	re	Fa	La
Re#- =	re#	fa#	la#
Mi- =	mi	Sol	si
Fa- =	fa	Sol#	do
Fa#- =	fa#	La	do#
Sol- =	sol	La#	Re
Sol#- =	sol#	Si	re#
La- =	la	Do	mi
La#- =	la#	do#	Fa
Si- =	si	Re	fa#

[11] Qui "costruzione" è inteso in un senso molto lato, cioè con riferimento alla composizione teorica che sul piano armonico integra la triade (in questa pagina), la tetrade e le altre sfumature (nelle pagine successive).

12. COSTRUZIONE ACCORDO SETTIMA

Maggiore Settima (Major7)

Sfumatura molto utilizzata con colore ironico: formato, nell'ottava musicale, dal 1° semitono, 5° semitono, 8° semitono, e 11° semitono (un tono sotto la tonica); che in toni si traduce 1 Prima o Tonica, 3 Terza maggiore, 5 Quinta giusta o Dominante,7m Settima minore. Presente al 4° ed ultimo posto nel giro armonico.

Maggiore7	1	3	5	7m
Do7 =	do	Mi	Sol	la#
Do#7 =	do#	Fa	sol#	Si
Re7 =	re	fa#	La	Do
Re#7 =	re#	Sol	la#	do#
Mi7 =	mi	sol#	Si	Re
Fa7 =	fa	La	Do	re#
Fa#7 =	fa#	la#	do#	Mi
Sol7 =	sol	Si	Re	Fa
Sol#7 =	sol#	Do	re#	fa#
La7 =	la	do#	Mi	Sol
La#7 =	la#	Re	Fa	sol#
Si7 =	si	re#	fa#	La

Si rimanda interamente allo studio istituzionale dei giri armonici la costruzione degli accordi Maggiori, Minori e di Maggiore Settima. Questi particolari accordi, trovandosi all'interno del giro armonico, non hanno qui la necessità di essere ripresi, a differenza di quelli che adesso seguiranno, e analizzati poiché se ne conosce già la struttura.

Pertanto la nostra attenzione volgerà adesso nei confronti della costruzione degli accordi di Maggiore Settima Aumentato e Minore Settima, Maggiore Quarta, Minore Quarta, Maggiore Seconda (nona) e Minore Seconda (nona), Maggiore Sesta e Minore Sesta, Maggiore Undicesima e Minore Undicesima, Maggiore Tredicesima, Semidiminuiti, Diminuiti, etc., tutte figure non rientranti nel giro armonico, e sulle quali è stata considerata dall'autore una particolare attenzione, dedicando interi paragrafi per argomento. Per continuità si procederà innanzitutto verso la figura dell'accordo Minore Settima.

Minore Settima

Sfumatura con colore sofisticato e sottile : formato, nell'ottava musicale, dal 1° semitono, 4° semitono, 8° semitono, e 11° semitono (un tono sotto la tonica); che in toni si traduce 1 Prima o Tonica, 3m Terza minore, 5 Quinta giusta o Dominante, 7m settima minore. Non presente nel giro armonico.

DO-7	Do minore (forma del La-) senza mignolo
SOL-7	Sol minore (forma del Mi-) senza mignolo
RE-7	Re minore con indice su ① e ② corda senza anulare
LA-7	La minore senza anulare
MI-7	Mi minore senza anulare
SI-7	Si minore (forma del La-) senza mignolo
FA#-7	Fa diesis (forma del Mi-) senza mignolo
DO#-7	Do diesis (forma del La-) senza mignolo
SOL#-7	Sol diesis minore (forma del Mi-) senza mignolo
RE#-7	Re diesis (forma del La-) senza mignolo
LA#-7	La diesis minore (forma del La-) senza mignolo
FA-7	Fa minore (forma del Mi-) senza mignolo

Minore7	1	3m	5	7m
Do-7 =	Do	re#	sol	la#
Do#-7 =	do#	Mi	sol#	Si
Re-7 =	Re	Fa	La	Do
Re#-7 =	re#	fa#	la#	do#
Mi-7 =	Mi	Sol	si	Re
Fa-7 =	Fa	Sol#	do	re#
Fa#-7 =	fa#	La	do#	Mi
Sol-7 =	Sol	La#	Re	Fa
Sol#-7 =	sol#	Si	re#	fa#
La-7 =	La	Do	mi	Sol
La#-7 =	la#	do#	Fa	sol#
Si-7 =	Si	Re	fa#	La

Maggiore Settima aumentato

Sfumatura con colore sottile ma lievemente dissonante per la vicinanza della tonica con la settima maggiore: formato, nell'ottava musicale, dal 1° semitono, 4° semitono, 8° semitono, e 12° semitono (un semitono sotto la tonica); che in toni si traduce 1 Prima o Tonica, 3 Terza maggiore, 5 Quinta giusta o Dominante, 7 settima maggiore. Non presente nel giro armonico.

DO7+	Do7 con il mignolo al IV tasto
SOL7+	Sol7 con l'indice al II tasto
RE7+	Indice con ½ barré sul II tasto
LA7+	La7 con l'indice sulla terza corda I tasto
MI7+	Mi7 aggiungendo un dito sulla quarta corda al I tasto
SI7+	Forma di La7+ con barré al II tasto
FA#7+	Forma di Mi7+ con barré al II tasto
DO#7+	Forma di La7+ con barré al IV tasto
SOL#7+	Forma di Mi7+ con barré al IV tasto
RE#7+	Forma di La7+ con barré al VI tasto
LA#7+	Forma di La7+ con barré al I tasto
FA7+	Forma di Mi7+ con barré al I tasto

Maggiore7+	1	3	5	7
Do7+ =	Do	Mi	sol	Si
Do#7+ =	do#	Fa	sol#	Do
Re7+ =	Re	fa#	La	do#
Re#7+ =	re#	Sol	la#	Re
Mi7+ =	Mi	sol#	si	re#
Fa7+ =	Fa	La	do	Mi
Fa#7+ =	fa#	la#	do#	Fa
Sol7+ =	Sol	Si	Re	fa#
Sol#7+ =	sol#	Do	re#	Sol
La7+ =	La	do#	mi	sol#
La#7+ =	la#	Re	Fa	La
Si7+ =	Si	re#	fa#	La#

13. COSTRUZIONE ACCORDI SEMIDIMINUITI (m7b5)

Minore Settima bemolle quinta o semidiminuiti

Formato, nell'ottava musicale, dal 1° semitono, 4° semitono, 7° semitono, e 11° semitono (un tono sotto la tonica); che in toni si traduce 1 Prima o Tonica, 3m Terza minore, 5 Quinta Diminuita o Quarta Aumentata, 7m settima minore. Non presente nel giro armonico.

DO-7b5	Forma di Mi-7b5 con il barré al VIII tasto
SOL-7b5	Forma di Mi-7b5 con il barré al III tasto
RE-7b5	½ barré al primo tasto
LA-7b5	Forma di Mi-7b5 con il barré al V tasto
MI-7b5	Mi-7 con il medio su un tasto prima
SI-7b5	Forma di Mi-7b5 con il barré al VII tasto
FA#-7b5	Forma di Mi-7b5 con il barré al II tasto
DO#-7b5	Forma di Mi-7b5 con il barré al IX tasto
SOL#-7b5	Forma di Mi-7b5 con il barré al IV tasto
RE#-7b5	Forma di Re-7b5 con barré al I tasto
LA#-7b5	Forma di Mi-7b5 con il barré al VI tasto
FA-7b5	Forma di Mi-7b5 con il barré al I tasto

Minore7bemolle5	1	3m	5d	7m
Do-7b5 =	Do	re#	Fa#	la#
Do#-7 b5 =	do#	mi	Sol	Si
Re-7 b5 =	Re	fa	sol#	Do
Re#-7 b5 =	re#	fa#	La	do#
Mi-7 b5 =	Mi	sol	la#	Re
Fa-7 b5 =	Fa	Sol#	Si	re#
Fa#-7 b5 =	fa#	la	Do	Mi
Sol-7 b5 =	Sol	La#	do#	Fa
Sol#-7 b5 =	sol#	si	Re	fa#
La-7 b5 =	La	do	re#	Sol
La#-7 b5 =	la#	do#	Mi	sol#
Si-7 b5 =	Si	re	Fa	La

E' opportuno in questa sede del Manuale – giustamente collocata fra le sfumature di Settima (Minore e Minore bemollizzato Quinta) e di Sesta (Maggiore e Minore) - intrattenerci quel tanto che basta per chiarire delle questioni, e quindi sciogliere riserve (mio malgrado) instaurate nelle precedenti edizioni di questo Manuale, circa la composizione degli accordi di Minore Settima e Maggiore Sesta, ma anche Semidiminuiti e Minore Sesta, e quindi la loro combinazione di note.

Le note componenti un qualsivoglia accordo Minore Settima coincidono al suo equivalente Maggiore Sesta abbassato di nove semitoni (quindi qualsivoglia accordo di Maggiore Sesta corrisponde nella sua esecuzione al suo equivalente Minore Settima alzato di tre semitoni). Un modo per ricordare questa coincidenza, oltre allo studio mnemonico della regola sopra citata, sarebbe quello di immaginare i primi due accordi dei giri armonici standard ed affiancare un "6" al primo accordo ed un "7" al secondo, interponendo un "=". P.es.: I primi due accordi del "Giro di Do" sono Do e La-; accanto all'etichetta "Do" pongo un "6", così: Do6; accanto all'etichetta "La-" pongo un "7", così: La-7; fra i due pongo un "=", così: Do6 = La-7. Bisogna ripetere lo stratagemma per tutti e dodici i giri armonici per ottenere un completo schema della coincidenza delle due sfumature.

Così come già abbiamo avuto modo di constatare con riferimento agli accordi di Minore Settima e Maggiore Sesta, anche in un'altra circostanza sussiste una anomalia nella composizione dell'accordo (di genere pressoché Jazz) di Minore Settima bemollizzato Quinta (chiamato anche Accordo Semidiminuito): le note (*rectius*: i rapporti fra le note) che costituiscono siffatta sfumatura, costituiscono anche quella di Minore Sesta. Ciò avviene sulla base della "bemollizzazione"[12] della Quinta giusta dell'accordo di Minore Settima, la quale, così facendo, null'altro rispecchia che la Terza minore dell'accordo di Minore Sesta (ma di un tono e mezzo sopra, ossia tre semitoni). Ciò che prima della "bemollizzazione" era la quinta giusta dell'accordo di Minore Settima, e che coincideva con la terza maggiore dell'accordo di Maggiore Sesta, dopo la "bemollizzazione" è diventata quinta diminuita dell'accordo di Minore Settima bemollizzato quinta (o semidiminuito), e che coincide ora con la terza minore dell'accordo di Minore Sesta. Per intenderci ancora meglio: l'accordo di Do-7b5 (o semidiminuito) è composto dalle seguenti note: Do (Tonica), Re# (Terza Minore), Fa# (Quinta diminuita)[13], La# (Settima minore); invece l'accordo di Re#-6 è composto dalle seguenti note: Re# (Tonica), Fa# (Terza Minore)[14], La# (Quinta giusta), Do (Sesta Maggiore). La tetrade nella medesima combinazione (fatta eccezione per il riporto) prende il nome tanto di Do-7b5 che il nome di Re#-6.

[12] La bemollizzazione null'altro è che l'abbassamento di un semitono di una nota. Nel caso in questione la Quinta giusta una volta bemollizzata, cioè abbassata di un semitono, è divenuta Quinta diminuita.

[13] Se la quinta del Do-7b5 non fosse stata bemollizzata non sarebbe diminuita (ossia Fa#), ma resterebbe giusta (ossia Sol), quindi l'accordo non sarebbe Do-7b5, ma semplicemente Do-7; allo stesso modo se la terza del Re#-6 non fosse stata bemollizzata non sarebbe divenuta minore (ossia Fa#), ma sarebbe rimasta maggiore (ossia Sol), quindi l'accordo non sarebbe stato Re#-6, ma sarebbe rimasto Re#6.

[14] Vedi nota precedente.

14. COSTRUZIONE ACCORDI SESTA

Maggiore Sesta

Questo accordo realizzato per chitarra non può differire di nulla dalla esecuzione degli accordi di Settima minore ma di nove semitoni più bassi: valgono le medesime considerazioni di sfumatura fatte per tale accordo ma con degli accorgimenti: formato, nell'ottava musicale, dal 1° semitono, 5° semitono, 8° semitono, e 10° semitono; che in toni si traduce 1 Prima o Tonica (6 Sesta maggiore), 3 Terza maggiore (1 Prima o Tonica), 5 Quinta giusta o Dominante (3 Terza maggiore) , 6 Sesta maggiore (5 Quinta giusta o Dominante) . Non presente nel giro armonico.

DO6	**LA-7**
SOL6	**MI-7**
RE6	**SI-7**
LA6	**FA#-7**
MI6	**DO#-7**
SI6	**SOL#-7**
FA#6	**RE#-7**
DO#6	**LA#-7**
SOL#6	**FA-7**
RE#6	**DO-7**
LA#6	**SOL-7**
FA6	**RE-7**

Maggiore6	1	3	5	6
Do6 =	Do	Mi	sol	La
Do#6 =	do#	Fa	sol#	la#
Re6 =	Re	fa#	La	si
Re#6 =	re#	Sol	la#	do
Mi6 =	Mi	sol#	si	do#
Fa6 =	Fa	La	do	Re
Fa#6 =	fa#	la#	do#	re#
Sol6 =	Sol	Si	Re	mi
Sol#6 =	sol#	Do	re#	Fa
La6 =	La	do#	mi	fa#
La#6 =	la#	Re	Fa	sol
Si6 =	Si	re#	fa#	sol#

Minore Sesta

Sfumatura con colore pungente e sottile : formato, nell'ottava musicale, dal 1° semitono, 4° semitono, 8° semitono, e 10° semitono ; che in toni si traduce 1 Prima o Tonica, 3m Terza minore, 5 Quinta giusta o Dominante, 6 settima maggiore. Non presente nel giro armonico.

DO-6	Forma di Mi-6 con barré al VIII tasto
SOL-6	Forma di Mi-6 con barré al III tasto
RE-6	Re- senza anulare
LA-6	La- con il mignolo sulla prima corda al II tasto
MI-6	Mi- con il mignolo sulla seconda corda al II tasto
SI-6	Forma di Mi-6 con barré al VII tasto
FA#-6	Forma di Mi-6 con barré al II tasto
DO#-6	Forma di Mi-6 con barré al IX tasto
SOL#-6	Forma di Mi-6 con barré al IV tasto
RE#-6	Forma di Re- con barré al I tasto
LA#-6	Forma di Mi-6 con barré al VI tasto
FA-6	Forma di Mi-6 con barré al I tasto

Minore6	1	3m	5	6
Do-6 =	Do	re#	sol	La
Do#-6 =	do#	mi	sol#	la#
Re-6 =	Re	fa	La	Si
Re#-6 =	re#	fa#	la#	Do
Mi-6 =	Mi	sol	si	do#
Fa-6 =	Fa	Sol#	do	Re
Fa#-6 =	fa#	la	do#	re#
Sol-6 =	Sol	La#	Re	Mi
Sol#-6 =	sol#	si	re#	Fa
La-6 =	La	do	mi	fa#
La#-6 =	la#	do#	Fa	Sol
Si-6 =	Si	re	fa#	sol#

15. COSTRUZIONE ACCORDI QUARTA (Sostenuto Quarta)

Maggiore Quarta (Sostenuto Quarta)

Sfumatura con colore vivace e brillante: formato, nell'ottava musicale, dal 1° semitono, 5° semitono, 6° semitono, e 8° semitono; che in toni si traduce in 1 Prima o Tonica, 3 Terza maggiore, 4 Quarta giusta (11 undicesima giusta) o Sottodominante, 5 Quinta giusta o Dominante. Non presente nel giro armonico.

DO4	Do maggiore con l'indice in ① e ② corda al I tasto
SOL4	Sol maggiore con l'indice sulla ② corda e I tasto
RE4	Re maggiore con il mignolo su ① corda al III tasto
LA4	La maggiore (234) con mignolo su ② corda al III tasto
MI4	Mi maggiore con mignolo su ③ corda al II tasto
SI4	Si maggiore con mignolo su ② corda al IV tasto
FA#4	Fa diesis maggiore con mignolo su ③ corda al IV tasto
DO#4	Do diesis maggiore (forma del La) con mignolo su ② corda al VII tasto
SOL#4	Sol diesis maggiore (forma del Mi) con mignolo su ③ corda al VI tasto
RE#4	Re diesis maggiore (forma del La) con mignolo su ② corda al IX tasto
LA#4	La diesis maggiore (forma del La) con mignolo su ② corda al IV tasto
FA4	Fa maggiore con mignolo su ③ corda al III tasto

Maggiore4	1	3	4	5
Do4 =	Do	Mi	Fa	Sol
Do#4 =	do#	Fa	fa#	sol#
Re4 =	Re	fa#	Sol	La
Re#4 =	re#	Sol	sol#	la#
Mi4 =	Mi	sol#	La	Si
Fa4 =	Fa	La	la#	Do
Fa#4 =	fa#	la#	Si	do#
Sol4 =	Sol	Si	Do	Re
Sol#4 =	sol#	Do	do#	re#
La4 =	La	do#	Re	Mi
La#4 =	la#	Re	re#	Fa
Si4 =	Si	re#	Mi	fa#

Minore Quarta (Sostenuto Quarta)

Sfumatura molto rara d'improvvisazione country: formato nell'ottava musicale dal 1° semitono, 4° semitono, 6° semitono, e 8° semitono; che in toni si traduce in 1 Prima o Tonica, 3m Terza minore, 4 Quarta giusta (11 undicesima giusta) o Sottodominante, 5 Quinta giusta o Dominante. Non presente nel giro armonico.

DO-4	Do minore (forma del La-) senza anulare
SOL-4	Sol minore (forma del Mi-) senza anulare
RE-4	Re minore senza medio
LA-4	La minore senza medio
MI-4	Mi minore senza medio
SI-4	Si minore (forma del La-) senza anulare
FA#-4	Fa diesis (forma del Mi-) senza anulare
DO#-4	Do diesis (forma del La-) senza anulare
SOL#-4	Sol diesis minore (forma del Mi-) senza anulare
RE#-4	Re diesis (forma del La-) senza anulare
LA#-4	La diesis minore (forma del La-) senza anulare
FA-4	Fa minore (forma del Mi-) senza anulare

Minore 4	1	3m	4	5
Do-4 =	Do	re#	Fa	sol
Do#-4 =	do#	mi	fa#	sol#
Re-4 =	Re	fa	Sol	la
Re#-4 =	re#	fa#	sol#	la#
Mi-4 =	Mi	sol	La	si
Fa-4 =	Fa	Sol#	la#	do
Fa#-4 =	fa#	la	Si	do#
Sol-4 =	Sol	La#	Do	re
Sol#-4 =	sol#	si	do#	re#
La-4 =	La	do	Re	mi
La#-4 =	la#	do#	re#	fa
Si-4 =	Si	re	Mi	fa#

16. COSTRUZIONE ACCORDI SECONDA (Sostenuto Nona)

Maggiore Seconda (Sostenuto Nona)

L'accordo maggiore seconda è formato nell'ottava musicale dal 1° semitono, 3° semitono, 5° semitono, e 8° semitono; che in toni si traduce in 1 Prima o Tonica, 2 Seconda maggiore (9 Nona maggiore), 3 Terza maggiore, 5 Quinta giusta o Dominante. Non presente nel giro armonico.

DO2	Do maggiore con mignolo su ② corda al III tasto
SOL2	Sol maggiore con l'indice sulla ③ corda al II tasto
RE2	Re maggiore senza il medio
LA2	La maggiore senza mignolo
MI2	Mi maggiore con mignolo su ① corda al II tasto
SI2	Si maggiore senza mignolo
FA#2	Fa diesis maggiore (forma La2)
DO#2	Do diesis maggiore (forma del La) senza mignolo
SOL#2	Sol diesis maggiore (forma del La) senza mignolo
RE#2	Re diesis maggiore (forma del La) senza mignolo
LA#2	La diesis maggiore (forma del La) senza mignolo
FA2	Fa maggiore (forma La) senza mignolo

Maggiore2	1	2	3	5
Do2 =	Do	re	Mi	Sol
Do#2 =	do#	Re#	Fa	sol#
Re2 =	Re	mi	fa#	La
Re#2 =	re#	fa	Sol	la#
Mi2 =	Mi	fa#	sol#	Si
Fa2 =	Fa	sol	La	Do
Fa#2 =	fa#	sol#	la#	do#
Sol2 =	Sol	la	Si	Re
Sol#2 =	sol#	La#	Do	re#
La2 =	La	si	do#	Mi
La#2 =	la#	do	Re	Fa
Si2 =	Si	do#	re#	fa#

Minore Seconda (Sostenuto Nona)

L'accordo minore seconda è formato nell'ottava musicale dal 1° semitono, 3° semitono, 4° semitono, e 8° semitono; che in toni si traduce in 1 Prima o Tonica, 2 Seconda maggiore (9 Nona maggiore), 3m Terza minore, 5 Quinta giusta o Dominante. Non presente nel giro armonico.

DO-2	Sol maggiore con 4 su ② al IV e 1 su ⑤ al III.
SOL-2	Sol- (forma del Mi2-)
RE-2	Re maggiore con il medio su ④ corda al III tasto
LA-2	La minore senza indice con mignolo su ⑤ corda al III tasto
MI-2	Mi minore con mignolo su ① corda al II tasto
SI-2	Si maggiore (forma Mi2-)
FA#-2	Fa forma del Mi2-)
DO#-2	Do#- (forma Mi2-)
SOL#-2	Sol#- (forma del Mi2-)
RE#-2	Re#- (forma La2-)
LA#-2	La#- (forma Mi2-)
FA-2	Fa minore (forma Mi-) con 4 su ① al III e 2 su ④ al III.

Minore2	1	2	3m	5
Do-2 =	Do	Re	re#	Sol
Do#-2 =	do#	Re#	Mi	sol#
Re-2 =	re	Mi	Fa	La
Re#-2 =	re#	Fa	fa#	la#
Mi-2 =	mi	fa#	Sol	Si
Fa-2 =	fa	Sol	Sol#	Do
Fa#-2 =	fa#	sol#	La	do#
Sol-2 =	sol	La	La#	Re
Sol#-2 =	sol#	La#	Si	re#
La-2 =	la	Si	Do	Mi
La#-2 =	la#	Do	do#	Fa
Si-2 =	si	do#	Re	fa#

17. COSTRUZIONE ACCORDI UNDICESIMA

Maggiore Undicesima

Sfumatura con colore vivace e brillante: formato, nell'ottava musicale, dal 1° semitono, 3° semitono, 5° semitono, 6° semitono, 8° semitono e 11° semitono; che in toni si traduce in 1 Prima o Tonica, 3 Terza maggiore, 5 Quinta giusta o Dominante, 7m Settima minore, 2 Seconda maggiore e 4 Quarta giusta o Sottodominante. Non presente nel giro armonico.

DO11	Forma di Mi11 con barré al VIII tasto
SOL11	Forma di Mi11 con barré al III tasto
RE11	Forma di Mi11 con barré al X tasto
LA11	Forma di Mi11 con barré al V tasto
MI11	Forma di Mi4 (234) senza l'anulare
SI11	Forma di Mi11 con barré al VII tasto
FA#11	Forma di Mi11 con barré al II tasto
DO#11	Forma di Mi11 con barré al IX tasto
SOL#11	Forma di Mi11 con barré al IV tasto
RE#11	Forma di Mi11 con barré al XI tasto
LA#11	Forma di Mi11 con barré al VI tasto
FA11	Forma di Mi11 con barré al I tasto

Maggiore11	1	2	3	4	5	7m
Do11 =	Do	re	Mi	Fa	Sol	la#
Do#11 =	do#	Re#	Fa	fa#	sol#	Si
Re11 =	Re	mi	fa#	Sol	La	Do
Re#11 =	re#	fa	Sol	sol#	la#	do#
Mi11 =	Mi	fa#	sol#	La	Si	Re
Fa11 =	Fa	sol	La	la#	Do	re#
Fa#11 =	fa#	sol#	la#	Si	do#	Mi
Sol11 =	Sol	la	Si	Do	Re	Fa
Sol#11 =	sol#	La#	Do	do#	re#	fa#
La11 =	La	si	do#	Re	Mi	Sol
La#11 =	la#	do	Re	re#	Fa	sol#
Si11 =	Si	do#	re#	Mi	fa#	La

Minore Undicesima

Sfumatura tanto rara quanto semplice: formato nell'ottava musicale dal 1° semitono, 3° semitono, 4° semitono, 6° semitono, 8° semitono 12° semitono ; che in toni si traduce in 1 Prima o Tonica, 2 Seconda maggiore, 3m Terza minore, 4 Quarta giusta o Sottodominante, 5 Quinta giusta o Dominante, 7 Settima maggiore. Non presente nel giro armonico.

DO-11	Barré integrale al VIII tasto
SOL-11	Barré integrale al III tasto
RE-11	Barré integrale al XI tasto
LA-11	Barré integrale al V tasto
MI-11	Accordo a vuoto.
SI-11	Barré integrale al VII tasto
FA#-11	Barré integrale al II tasto
DO#-11	Barré integrale al IX tasto
SOL#-11	Barré integrale al IV tasto
RE#-11	Barré integrale al X tasto
LA#-11	Barré integrale al VI tasto
FA-11	Barré integrale al I tasto

Minore 11	1	2	3m	4	5	7m
Do-11 =	Do	re	re#	Fa	Sol	la#
Do#-11 =	do#	Re#	mi	fa#	sol#	Si
Re-11 =	Re	mi	fa	Sol	La	Do
Re#-11 =	re#	fa	fa#	sol#	la#	do#
Mi-11 =	Mi	fa#	sol	La	Si	Re
Fa-11 =	Fa	sol	Sol#	la#	Do	re#
Fa#-11 =	fa#	sol#	la	Si	do#	Mi
Sol-11 =	Sol	la	La#	Do	Re	Fa
Sol#-11 =	sol#	La#	si	do#	re#	fa#
La-11 =	La	si	do	Re	Mi	Sol
La#-11 =	la#	do	do#	re#	Fa	sol#
Si-11 =	Si	do#	re	Mi	fa#	La

18. COSTRUZIONE ACCORDI TREDICESIMA

Sfumatura con colore vivace e brillante: formato, nell'ottava musicale, dal 1° semitono, 3° semitono, 5° semitono, 6° semitono, 8° semitono e 11° semitono; che in toni si traduce in 1 Prima o Tonica, 2 Seconda maggiore, 3 Terza maggiore, 4 Quarta giusta o Sottodominante, 5 Quinta giusta o Dominante, 6 Sesta Maggiore, 7m Settima minore. Non presente nel giro armonico.

DO13	Forma di Mi13 con barré al VII tasto
SOL13	Forma di Mi13 con barré al III tasto
RE13	Forma di Mi13 con barré al X tasto
LA13	Forma di Mi13 con barré al V tasto
MI13	Medio su I ③, Anulare su II ②, Mignolo su II ①.
SI13	Forma di Mi13 con barré al VII tasto
FA#13	Forma di Mi13 con barré al II tasto
DO#13	Forma di Mi13 con barré al VII tasto
SOL#13	Forma di Mi13 con barré al IV tasto
RE#13	Forma di Mi13 con barré al X tasto
LA#13	Forma di Mi13 con barré al VI tasto
FA13	Forma di Mi13 con barré al I tasto

Maggiore13	1	2	3	4	5	6	7m
Do13 =	Do	re	Mi	Fa	Sol	La	la#
Do#13 =	do#	Re#	Fa	fa#	sol#	La#	Si
Re13 =	Re	mi	fa#	Sol	La	Si	Do
Re#13 =	re#	fa	Sol	sol#	la#	Do	do#
Mi13 =	Mi	fa#	sol#	La	Si	Do#	Re
Fa13 =	Fa	sol	La	la#	Do	Re	re#
Fa#13 =	fa#	sol#	la#	Si	do#	Re#	Mi
Sol13 =	Sol	la	Si	Do	Re	Mi	Fa
Sol#13 =	sol#	La#	Do	do#	re#	Fa	fa#
La13 =	La	si	do#	Re	Mi	Fa#	Sol
La#13 =	la#	do	Re	re#	Fa	Sol	sol#
Si13 =	Si	do#	re#	Mi	fa#	Sol#	La

19. COSTRUZIONE ACCORDI QUINTA AUMENTATO

Sfumatura con accezione misteriosa: formato, nell'ottava musicale, dal 1° semitono, 5° semitono, 7° semitono; che in toni si traduce in 1 Prima o Tonica, 3 Terza maggiore, 5+ Quinta Amentata o 6m Sesta minore. Non presente nel giro armonico standard. Quattro forme esauriscono tutti e dodici gli accordi.

DO5+	Dito 1 su ② al I, 2 su ③ al I, 3 su ④ al II, 4 su ⑤ al III.	1° forma
SOL5+	Sol (234) con dito 1 su ④ al I.	2° forma
RE5+	Dito 1 su ⑤ al I, 2 su ① al II, 3 su ③ al III, 4 su ② al III, x su ⑥.	3° forma
LA5+	Dito 1 su ① al I, 2 su ② al II, 3 su ③ al II, 4 su ④ al III, x su ⑥.	4° forma
MI5+	Dito 1 su ② al I, 2 su ③ al I, 3 su ④ al II, 4 su ⑤ al III.	1° forma
SI5+	Sol (234) con dito 1 su ④ al I.	2° forma
FA#5+	Dito 1 su ⑤ al I, 2 su ① al II, 3 su ③ al III, 4 su ② al III, x su ⑥.	3° forma
DO#5+	Dito 1 su ① al I, 2 su ② al II, 3 su ③ al II, 4 su ④ al III, x su ⑥.	4° forma
SOL#5+	Dito 1 su ② al I, 2 su ③ al I, 3 su ④ al II, 4 su ⑤ al III.	1° forma
RE#5+	Sol (234) con dito 1 su ④ al I.	2° forma
LA#5+	Dito 1 su ⑤ al I, 2 su ① al II, 3 su ③ al III, 4 su ② al III, x su ⑥.	3° forma
FA5+	Dito 1 su ① al I, 2 su ② al II, 3 su ③ al II, 4 su ④ al III, x su ⑥.	4° forma

Maggiore Quinta Aumentato	1	3	5+
Do5+ =	Do	Mi	sol#
Do#5+ =	do#	Fa	La
Re5+ =	Re	fa#	la#
Re#5+ =	re#	Sol	Si
Mi5+ =	Mi	sol#	Do
Fa5+ =	Fa	La	do#
Fa#5+ =	fa#	la#	Re
Sol5+ =	Sol	Si	re#
Sol#5+ =	sol#	Do	Mi
La5+ =	La	do#	Fa
La#5+ =	la#	Re	fa#
Si5+ =	Si	re#	Sol

20. TONALITA' DEGLI ACCORDI

Gli accordi, come abbiamo potuto notare, hanno una loro specifica posizione della tastiera rispetto alle altre note ed agli altri accordi. Grazie alla loro determinatezza nell'ottava, si può riuscire a traslare questi accordi, modificandone la tonalità, ma mantenendone la struttura interna. Un accordo maggiore resta tale, ma può essere traslato da una tonalità di Mi ad una di Re, ed utilizzando come unità di misura il semitono, si dirà che questa traslazione equivale a "meno due semitoni", o semplicemente "-2".

0	Do	Re	Mi	Fa	Sol	La	Si
-1	Si	Do#	Mib	Mi	Fa#	Sol#	Sib
-2	Sib	Do	Re	Mib	Fa	Sol	La
-3	La	Si	Do#	Re	Mi	Fa#	Sol#
-4	Sol#	Sib	Do	Do#	Mib	Fa	Sol
-5	Sol	La	Si	Do	Re	Mi	Fa#
-6	Fa#	Sol#	Sib	Si	Do#	Mib	Fa
-7	Fa	Sol	La	Sib	Do	Re	Mi
-8	Mi	Fa#	Sol#	La	Si	Do#	Mib
-9	Mib	Fa	Sol	Sol#	Sib	Do	Re
-10	Re	Mi	Fa#	Sol	La	Si	Do#
-11	Do#	Mib	Fa	Fa#	Sol#	Sib	Do
-12	Do	Re	Mi	Fa	Sol	La	Si

Principali Sfumature Dell'accordo

Queste sono le principali sfumature dell'accordo trattate nel manuale, e per le quali vale ovviamente la stessa disciplina della traslazione di tonalità per gli accordi sopra.

MAGGIORE	MAGGIORE SETTIMA	MAGGIORE QUARTA	MAGGIORE SECONDA	MAGGIORE SESTA	MAGGIORE UNDICESIMA
MINORE	MINORE SETTIMA	MINORE QUARTA	MINORE SECONDA	MINORE SESTA	MINORE UNDICESIMA

21. ACCORDI DIMINUITI

L'accordo c.d. "diminuito" è una variante utilizzata soprattutto nel jazz ma che necessita di un'attenzione particolare in quanto non connessa in nessun modo (o non apparentemente) alle sfumature precedentemente analizzate. Gli intervalli di tono sono: Prima o Tonica, Terza minore, Quarta aumentata, Sesta maggiore. L'anomalia degli accordi c.d. "diminuiti" sta nella loro indipendenza dalla convenzionale configurazione dell'accordo, sia esso semplicemente maggiore e minore, o maggiore settima e minore settima, e così via.

La particolarità di questi accordi consiste nell'interscambiabilità degli stessi sulla base delle loro note componenti che pur variando l'ordine configurano comunque un accordo diminuito il cui nome vien dato dalla tonica di turno: ciascun gruppo contiene quattro combinazioni.

Do Dim	La Dim	Fa# Dim	Re# Dim

	Tonica	Terza Minore	Quarta Aumentata	Sesta Maggiore
Accordi Diminuiti del Primo gruppo	Do	Re#	Fa#	La
	La	Do	Re#	Fa#
	Re#	Fa#	La	Do
	Fa#	La	Do	Re#

1° Gruppo: DOdim = LAdim = RE#dim = FA#dim

Re Dim	Si Dim	Sol# Dim	Fa Dim

	Tonica	Terza Minore	Quarta Aumentata	Sesta Maggiore
Accordi Diminuiti del Secondo gruppo	Re	Fa	Sol#	Si
	Si	Re	Fa	Sol#
	Fa	Sol#	Si	Re
	Sol#	Si	Re	Fa

2° Gruppo: REdim = SIdim = FAdim = SOL#dim

Mi Dim	Do# Dim	La# Dim	Sol Dim

	Tonica	Terza Minore	Quarta Aumentata	Sesta Maggiore
Accordi Diminuiti del Terzo gruppo	Mi	Sol	La#	Do#
	Do#	Mi	Sol	La#
	Sol	La#	Do#	Mi
	La#	Do#	Mi	Sol

3° Gruppo: MIdim = DO#dim = SOLdim = LA#dim

Solo la forma del terzo gruppo, applicando la "Regola di costruzione" (sostituzione secondo criterio progressivo dell'ordine delle dita), può essere correttamente utilizzata per poter costruire sulla tastiera modalità alternative degli accordi diminuiti.

22. GIRI ARMONICI SULLA TASTIERA

Metodo LAMI

Giri armonici di Do, Sol, Re, La.

Posizione	Tasto barré	Accordo	Giro
La	III	Do	DO
Mi-	V	La-	
La-	V	Re-	
Mi7	III	Sol7	
Mi	III	Sol	SOL
La-	VII	Mi-	
Mi-	V	La-	
La7	V	Re7	
La	V	Re	RE
Mi-	VII	Si-	
La-	VII	Mi-	
Mi7	V	La7	
Mi	V	La	LA
La-	IX	Solb-	
Mi-	VII	Si-	
La7	VII	Mi7	

Metodo LAMI

Giri armonici di Mi, Fa, Si, Do#.

Posizione	Tasto barré	Accordo	Giro
La	VII	Mi	MI
Mi-	IX	Do#-	
La-	IX	Solb-	
Mi7	VII	Si7	
La	VIII	Fa	FA
Mi-	X	Re-	
La-	X	Sol-	
Mi7	VIII	Do7	
Mi	VII	Si	SI
La-	XI	Sol#-	
Mi-	IX	Do#-	
La7	IX	Fa#7	
La	IV	Do#	DO#
Mi-	VI	La#-	
La-	VI	Re#-	
Mi7	IV	Sol#7	

Metodo LAMI

Giri armonici di Sol#, Re#, La#, Fa#.

Posizione	Tasto barré	Accordo	Giro
Mi	IV	Sol#	SOL#
La-	VIII	Fa-	
Mi-	VI	La#-	
La7	VI	Re#7	

La	VI	Re#	RE#
Mi-	VIII	Do-	
La-	VIII	Fa-	
Mi7	VI	La#7	

Mi	VI	La#	LA#
La-	X	Sol-	
Mi-	VIII	Do-	
La7	VIII	Fa7	

La	IX	Fa#	FA#
Mi-	XI	Re#-	
La-	XI	Sol#-	
Mi7	IX	Do#7	

Metodo REDO

Giri armonici di Do, Sol, Re, La.

Posizione	Tasto barré	Accordo	Giro
Mi	VIII	Do	DO
Re-	VII	La-	
Mi-	X	Re-	
Re7	V	Sol7	
Do	VII	Sol	SOL
Re-	II	Mi-	
Re-	VII	La-	
Mi7	X	Re7	
Do	II	Re	RE
Re-	IX	Si-	
Re-	II	Mi-	
Mi7	V	La7	
Do	IX	La	LA
Re-	IV	Solb-	
Re-	IX	Si-	
La7	VII	Mi7	

Metodo REDO

Giri armonici di Mi, Fa, Si, Do#.

Posizione	Tasto barré	Accordo	Giro
Do	IV	Mi	MI
Re-	XI	Do#-	
Re-	IV	Solb-	
La7	II	Si7	

Posizione	Tasto barré	Accordo	Giro
Do	V	Fa	FA
La-	V	Re-	
Re-	V	Sol-	
La7	III	Do7	

Posizione	Tasto barré	Accordo	Giro
Do	XI	Si	SI
Re-	VI	Sol#-	
Re-	XI	Do#-	
La7	IX	Fa#7	

Posizione	Tasto barré	Accordo	Giro
Mi	IX	Do#	DO#
Re-	VIII	La#-	
Mi-	XI	Re#-	
Re7	VI	Sol#7	

Metodo REDO

Giri armonici di Sol#, Re#, La#, Fa#.

Posizione	Tasto barré	Accordo	Giro
Do	VIII	Sol#	SOL#
Re-	III	Fa-	
Re-	VIII	La#-	
Mi7	XI	Re#7	

Posizione	Tasto barré	Accordo	Giro
Do	III	Re#	RE#
Re-	X	Do-	
Re-	III	Fa-	
Mi7	VI	La#7	

Posizione	Tasto barré	Accordo	Giro
Do	X	La#	LA#
Re-	V	Sol-	
Re-	X	Do-	
La7	VIII	Fa7	

Posizione	Tasto barré	Accordo	Giro
Do	VI	Fa#	FA#
La-	VI	Re#-	
Re-	VI	Sol#-	
La7	IV	Do#7	

23. PENNATA

La pennata consiste nell'imprimere sulle corde della chitarra dall'alto verso il basso, o dal basso verso l'altro, una leggera forza che comporti la corretta vibrazione delle sei corde secondo una ben determinata sequenza di movimenti.

La pennata è nello specifico un insieme di movimenti; un movimento è una sollecitazione delle sei corde della Chitarra. Esistono diverse pennate e ciascuna si distingue da qualunque altra dalla combinazione dei movimenti, che compone una formula dotata di una denominazione (o numerazione).

Per eseguire correttamente una pennata (da non confondere con una plettrata) – e qui per pennata si intende sollecitazione di tutte le sei corde in ambito della Ritmica – bisogna collocare saldamente il gomito del braccio destro tra il fascione della chitarra (bordo o contorno della cassa che comprende spalle, fianchi e pancia) e la faccia, in coincidenza dell'angolo ivi formantesi: la rotazione dell'avambraccio ha sede nel gomito, e non nel polso (viceversa nella plettrata), il quale deve rimanere saldo ed immobile.

Un movimento con la punta verso l'alto indica una sollecitazione delle corde col plettro dalla più grave alla più cantina; invece un movimento con la punta verso il basso indica una sollecitazione delle corde col plettro dalla più cantina alla più grave.

Un movimento rappresentato come piuttosto lungo indica un movimento accentato, caratterizzato cioè da una maggiore pressione (sollecitazione vigorosa); un movimento rappresentato come piuttosto corto indica invece un movimento non accentato , caratterizzato cioè da una minore pressione (sollecitazione delicata).

Una rappresentazione grafica di una linea tratteggiata indica una pausa, cioè un'assenza di movimento. Uno Stop è invece rappresentato da una linea seghettata o intersecata da tante lineette trasversali: consiste in una percussione sulle sei corde all'altezza del collo.

Qui di seguito vengono rappresentati alcuni esempi di movimento:

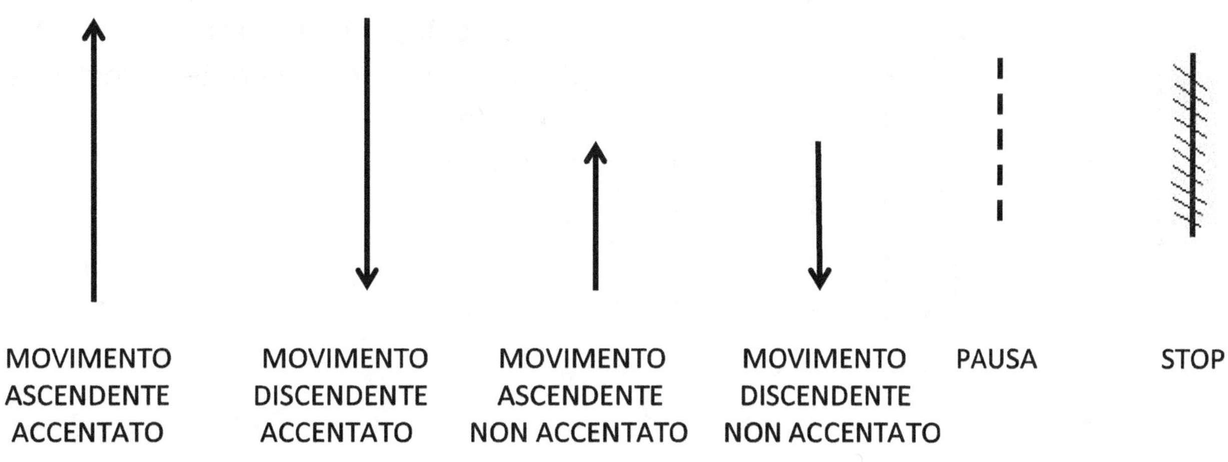

Esistono anche altri esempi – di superiore livello – caratterizzati da semi arpeggi (movimenti rappresentanti come una scala) o da pennate stoppate (movimenti tratteggiati), o riportanti una "X" all'incipit (collocazione del palmo della mano destra sulle corde gravi). Le possibili combinazioni di pennate sono infinite, e qui di seguito sono riportati solo alcuni esempi: le pennate che più frequentemente vengono utilizzate nel metodo "Ritmica-Mente".

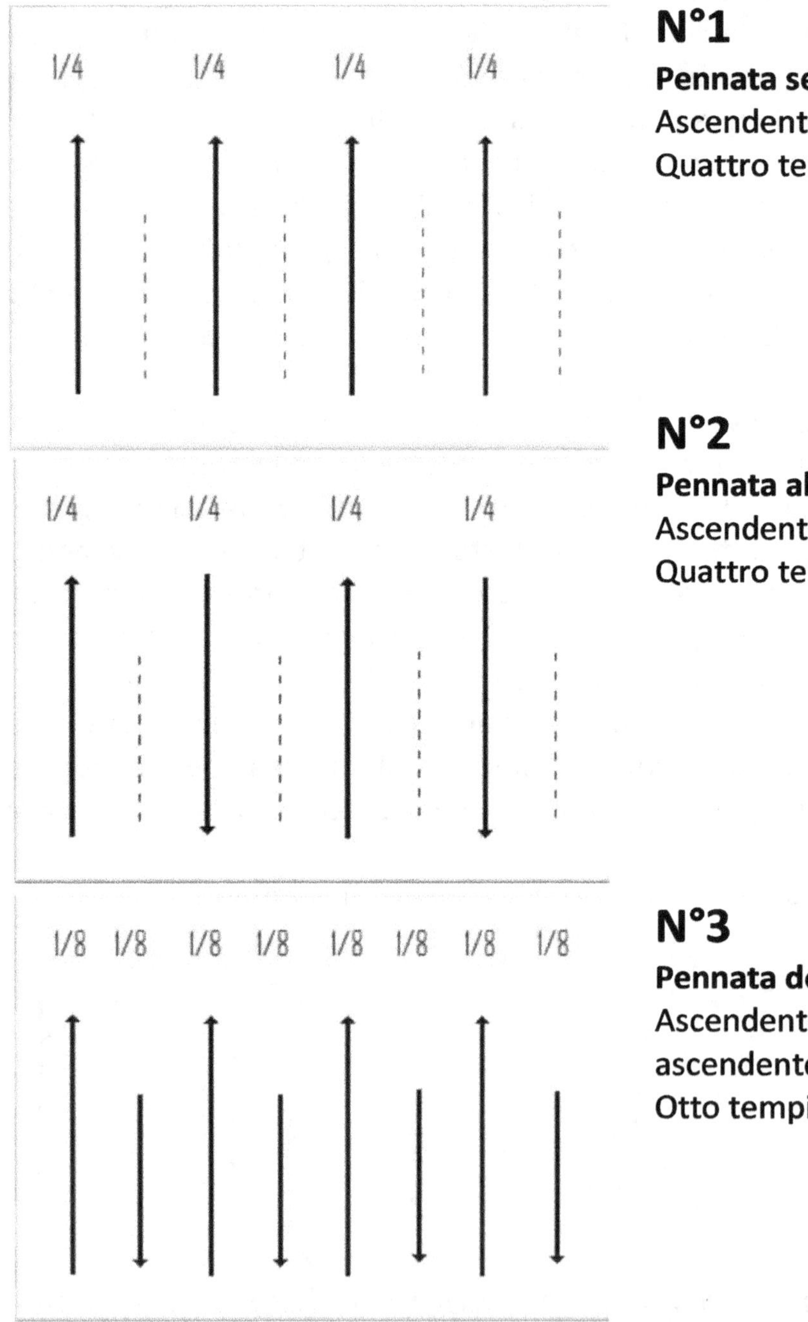

N°1

Pennata semplice
Ascendente accentuata
Quattro tempi

N°2

Pennata alternata
Ascendente e discendente accentuata
Quattro tempi

N°3

Pennata doppia alternata
Ascendente e discendente accentuata ascendente
Otto tempi

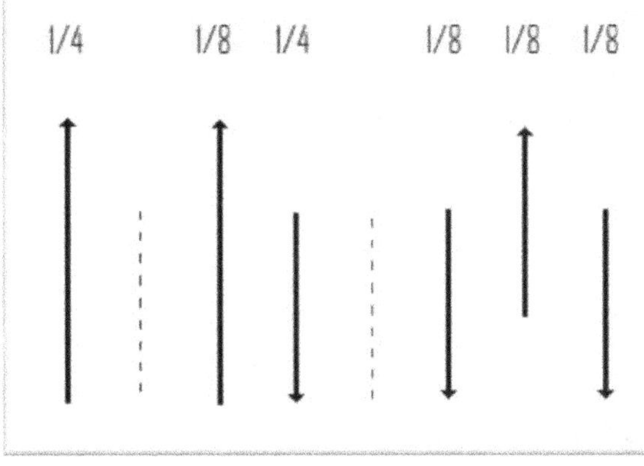

N°4

NtàNtànannaNtàna

Pennata mista onomatopeica. Quattro e otto tempi.

Una possibile variazione di questa Pennata consisterebbe nel cambiare accordo (in fase di esecuzione) tra la seconda e la terza freccia.

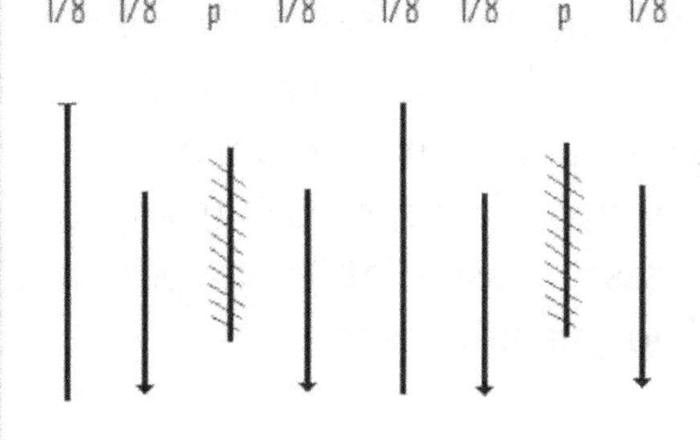

N°5

FuCunCikCu

Pennata mista con stoppata del palmo sulle corde. Otto tempi.

Una possibile variazione di questa Pennata consisterebbe nel cambiare accordo esattamente a metà battuta.

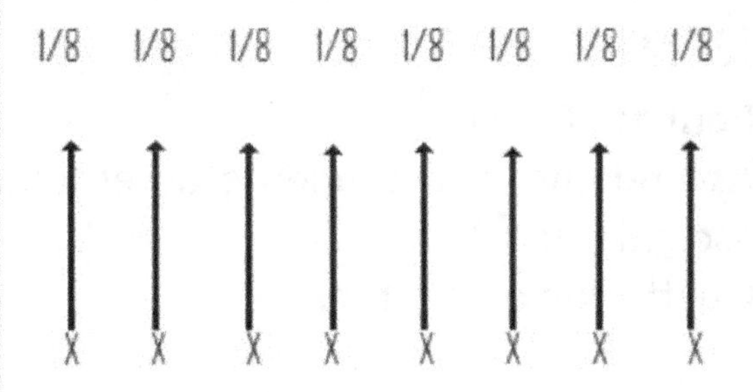

N°6

Palm Muting

Pennata "muta" con palmo appoggiato sul ponticello

Otto tempi

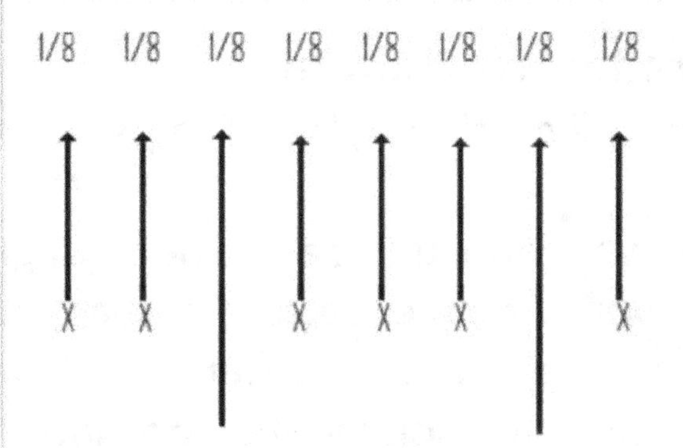

N°7

Palm Muting accentuato

Pennata "muta" con palmo appoggiato sul ponticello, accentuata.

Otto tempi

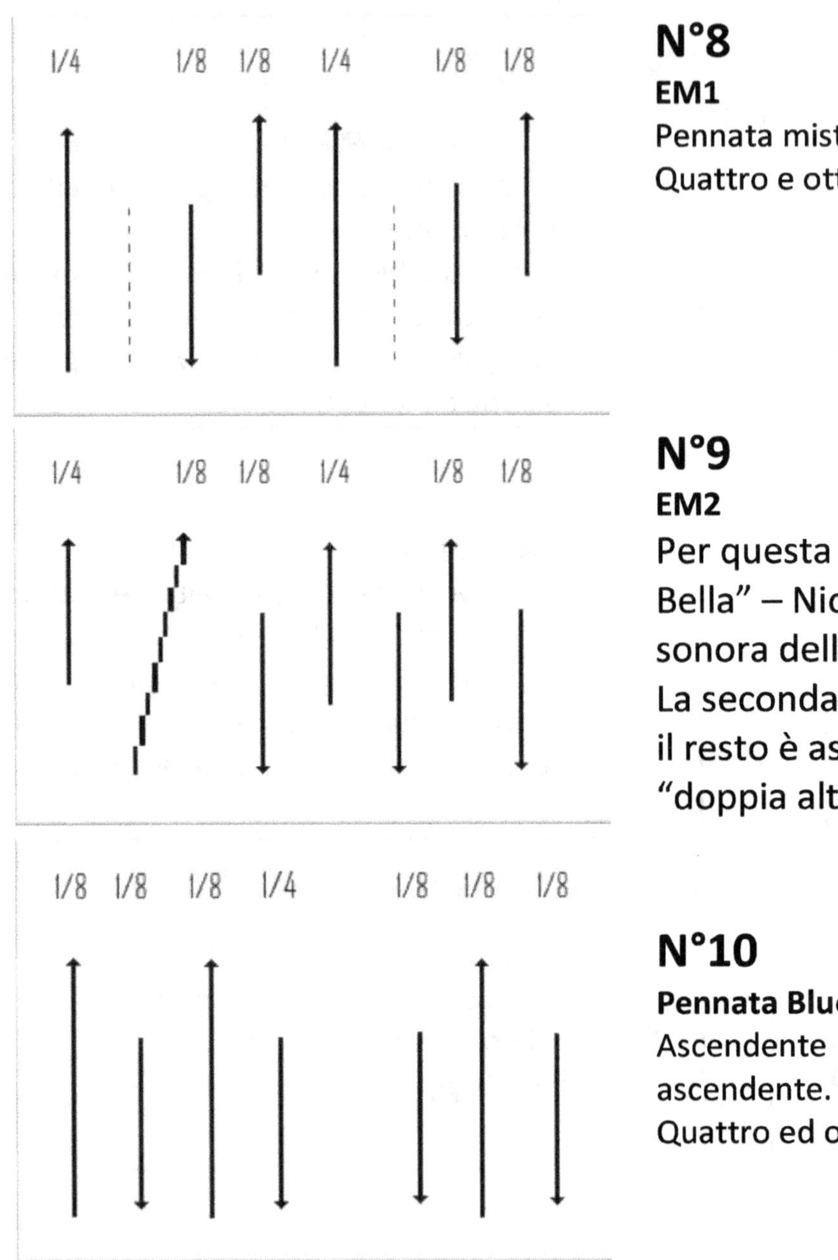

N°8

EM1

Pennata mista.
Quattro e otto tempi

N°9

EM2

Per questa pennata v. "La vita è Bella" – Nicola Piovani, colonna sonora dell'omonimo film.
La seconda pennata è arpeggiata, il resto è associabile alla pennata "doppia alternata"

N°10

Pennata Blues

Ascendente e discendente accentuata ascendente.
Quattro ed otto tempi.

N°11 - Pennata Mista (Ta.Ta.Ta.tara.tara.Ta.Ta.tara.)

La "Pennata Mista" (quattro ed otto tempi) è costituita dalle due pennate "semplice" e "doppia alternata".
In ordine a come sono state elencate vengono utilizzate: (per quegli accordi che occupano una battuta) la prima per le battute dispari, la seconda per le battute pari. Quindi questa pennata (a differenza delle precedenti *supra*) occupa due battute e non una solamente, secondo lo schema: ¼↑ ¼↑ ¼↑ ⅛↑ ⅛↓ | ⅛↑ ⅛↓ ¼↑ ¼↑ ⅛↑ ⅛↓.

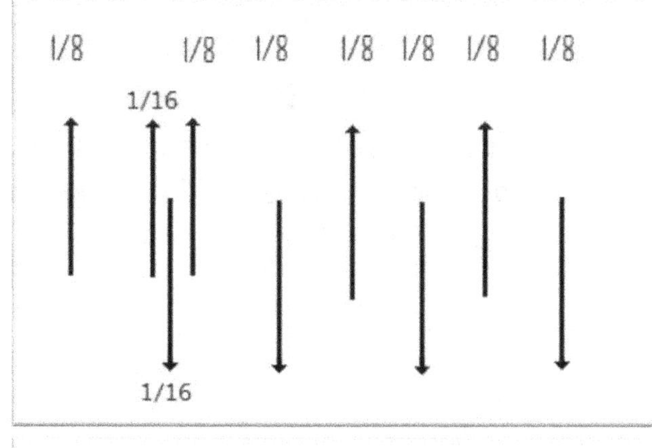

N° 12

LAM

Pennata mista con tempo sostenuto: otto e sedici tempi. Nove movimenti.

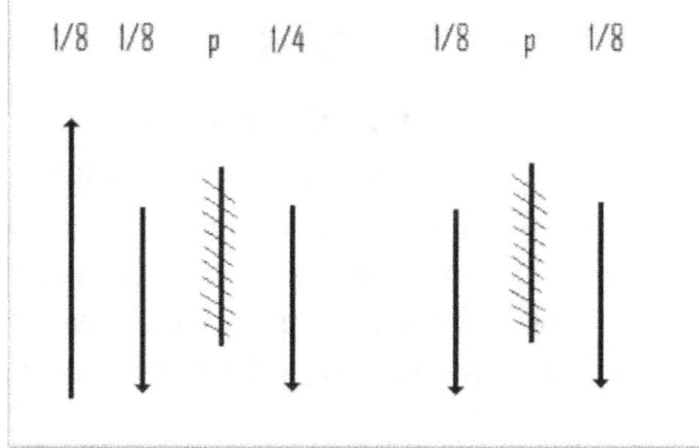

N° 13

Pennata Blues 2

Pennata mista blues sincopata con stop sulle corde: quattro ed otto tempi. Sette movimenti.

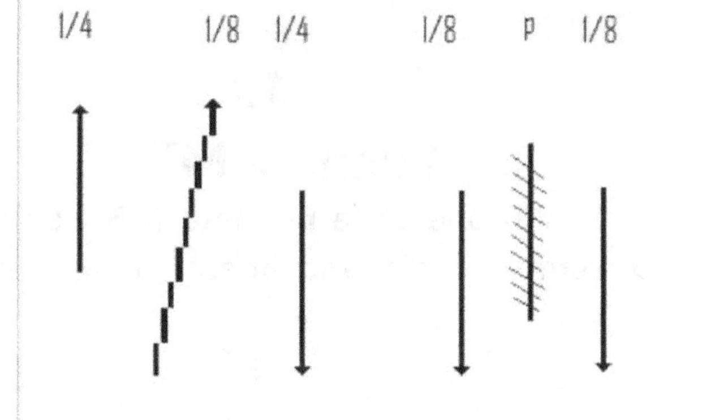

N° 14

SD

Pennata mista con semiarpeggio, stop sulle corde, ed andamento jazz: quattro ed otto tempi. Sei movimenti.

N° 15 – CD Pennata mista a doppia battuta.

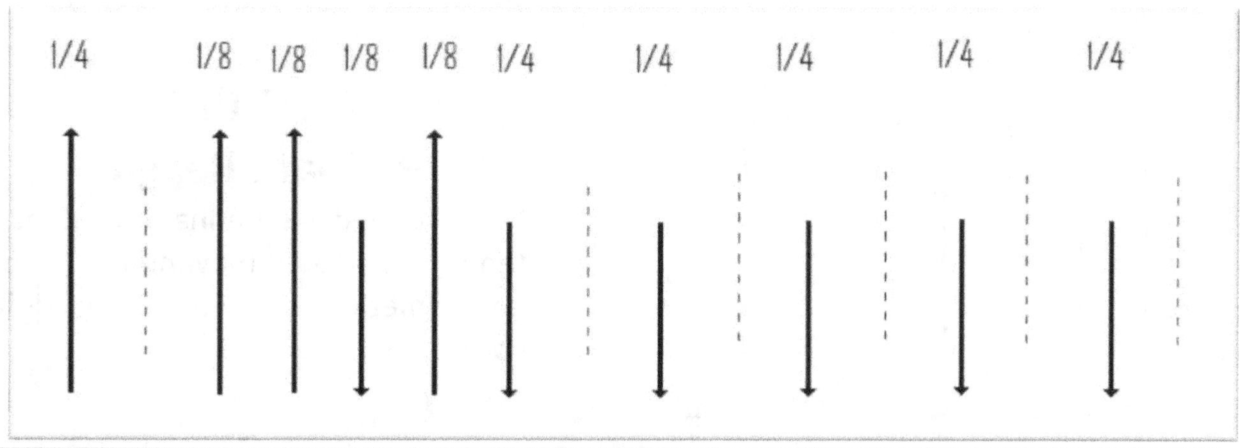

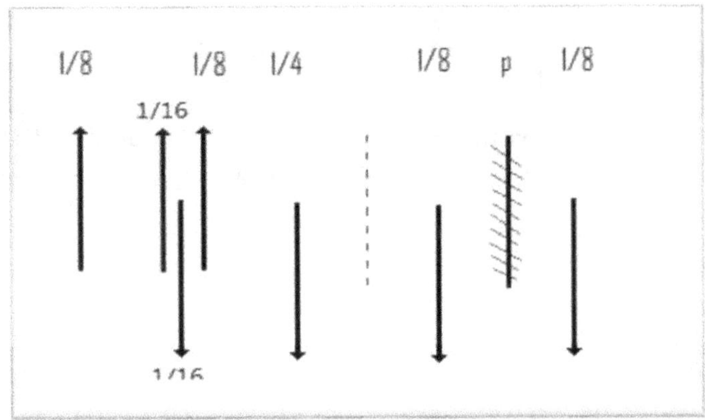

N° 16
Pennata SD2

Pennata mista con pausa, stop sulle corde, ed andamento jazz: quattro ed otto tempi. Otto movimenti.

N° 17
Pennata Jazz

Questa pennata è una ordinata evoluzione delle pennate SD ed SD2: mista con sincope, pausa, stop sulle corde, ed andamento jazz: quattro, otto e sedici tempi. Otto movimenti.

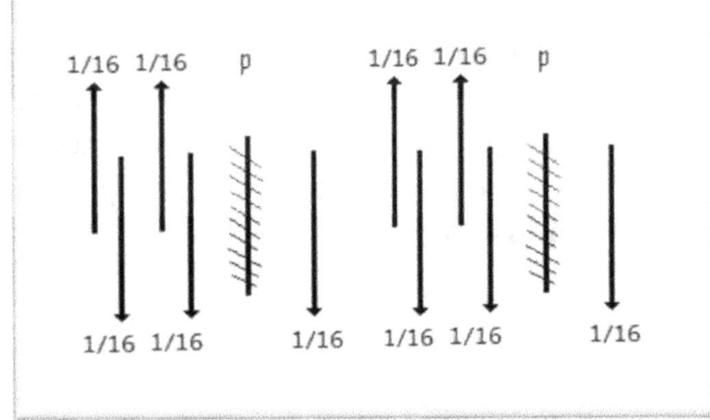

N° 18
Pennata MT

Evoluzione della pennata N°5: sedici tempi, dodici movimenti, con stop sulle corde.

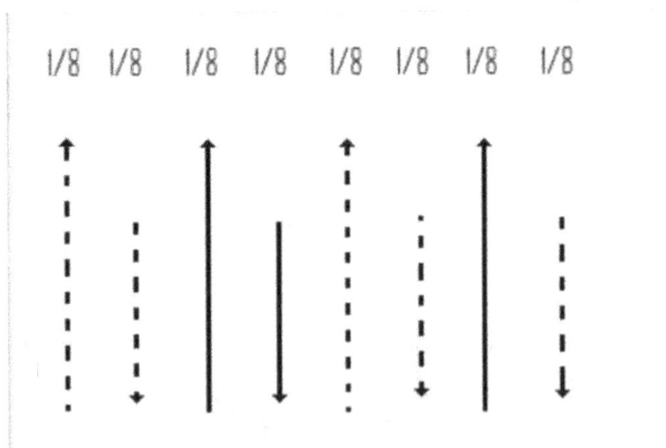

N° 19
Pennata Reggae

Evoluzione della pennata N°3: otto tempi, otto movimenti, con impedimento di vibrazione delle corde.

24. GIRO ARMONICO BLUES

Il giro armonico blues è caratterizzato soprattutto dalla posizione degli accordi, che si possono raggruppare i tre gruppi: accordi di **Tonica, Sottodominante, Dominante.** Avremo quindi una composizione strutturale dove gli accordi sono posizionati secondo una precisa forma, come possiamo vedere nel riquadro sottostante.

Tonica	**Tonica**	**Tonica**	**Tonica**
Sottodominante 7	**Tonica**	**Tonica**	**Tonica**
Dominante 7	**Tonica**	**Tonica**	**Tonica**

Adattando il tutto ad una tonalità, per esempio quella di Do maggiore, possiamo valutarne in modo più preciso la relazione tra gli accordi. Avremo quindi questi tre accordi: accordo di **Do** (Tonica), di **Fa** (Sottodominante), **Sol** (Dominante). Un particolare di enorme importanza è nella caratteristica armonica di un accordo nel blues che, nella maggior parte dei casi, viene considerato come **accordo di settima**. Tutto ciò ha un influenza fondamentale nell'approccio melodico e armonico al blues. Non servirebbe dirlo, ma questo, ovviamente, vale per tutte le tonalità. Vediamo quindi come viene strutturato un blues in tonalità di Do.

Do	**Do**	**Do**	**Do**
Fa7	**Fa7**	**Do**	**Do**
Sol7	**Sol7**	**Do**	**Do**

La variazione più usuale, che in fondo è maggiormente utilizzata anche della forma base, prevede l'utilizzo dei gradi in un contesto armonico più ricco, mettendo, ad esempio, la sottodominante nella seconda battuta e variandone il chorus in altri punti, come potete vedere nello schema sottostante. Questa è la struttura del blues a 12 battute più classica. E' anche opportuno prendere confidenza con una determinata terminologia anglosassone, e per questo motivo possiamo definire la struttura seguente con il nome **twelve bar blues**.

Do	**Fa7**	**Do**	**Do**
Fa7	**Fa7**	**Do**	**Do**
Sol7	**Fa7**	**Do**	**Sol7**

Giro Armonico Blues Maggiore

Ecco alcuni esempi di giro armonico blues maggiore nella classica struttura delle dodici battute, così come abbiamo potuto vedere nello schema precedente.

Vengono qui rappresentate le dodici tonalità dei giri armonici secondo l'ordine della ciclicità delle quinte. Gli accordi all'interno del giro seguono gli intervalli di Tonica, Dominante Settima e Sottodominante Settima.

Do	Sol	Re	La	Mi	Si	Fa#	Do#	Sol#	Re#	La#	Fa
Fa7	Do7	Sol7	Re7	La7	Mi7	Si7	Fa#7	Do#7	Sol#7	Re#7	La#7
Do	Sol	Re	La	Mi	Si	Fa#	Do#	Sol#	Re#	La#	Fa
Do	Sol	Re	La	Mi	Si	Fa#	Do#	Sol#	Re#	La#	Fa
Fa7	Do7	Sol7	Re7	La7	Mi7	Si7	Fa#7	Do#7	Sol#7	Re#7	La#7
Fa7	Do7	Sol7	Re7	La7	Mi7	Si7	Fa#7	Do#7	Sol#7	Re#7	La#7
Do	Sol	Re	La	Mi	Si	Fa#	Do#	Sol#	Re#	La#	Fa
Do	Sol	Re	La	Mi	Si	Fa#	Do#	Sol#	Re#	La#	Fa
Sol7	Re7	La7	Mi7	Si7	Fa#7	Do#7	Sol#7	Re#7	La#7	Fa7	Do7
Fa7	Do7	Sol7	Re7	La7	Mi7	Si7	Fa#7	Do#7	Sol#7	Re#7	La#7
Do	Sol	Re	La	Mi	Si	Fa#	Do#	Sol#	Re#	La#	Fa
Sol7	Re7	La7	Mi7	Si7	Fa#7	Do#7	Sol#7	Re#7	La#7	Fa7	Do7

Giro Armonico Blues Minore

Vale anche qui quanto detto *supra*, ma con la differenza che in questo subparagrafo possono apprezzarsi le tonalità minori.

Do-	Sol-	Re-	La-	Mi-	Si-	Fa#-	Do#-	Sol#-	Re#-	La#-	Fa-
Sol-7	Do-7	Sol-7	Re-7	La-7	Mi-7	Si-7	Fa#-7	Do#-7	Sol#-7	Re#-7	La#-7
Do-	Sol-	Re-	La-	Mi-	Si-	Fa#-	Do#-	Sol#-	Re#-	La#-	Fa-
Do-	Sol-	Re-	La-	Mi-	Si-	Fa#-	Do#-	Sol#-	Re#-	La#-	Fa-
Fa-7	Do-7	Sol-7	Re-7	La-7	Mi-7	Si-7	Fa#-7	Do#-7	Sol#-7	Re#-7	La#-7
Fa-7	Do-7	Sol-7	Re-7	La-7	Mi-7	Si-7	Fa#-7	Do#-7	Sol#-7	Re#-7	La#-7
Do-	Sol-	Re-	La-	Mi-	Si-	Fa#-	Do#-	Sol#-	Re#-	La#-	Fa-
Do-	Sol-	Re-	La-	Mi-	Si-	Fa#-	Do#-	Sol#-	Re#-	La#-	Fa-
Sol-7	Re-7	La-7	Mi-7	Si-7	Fa#-7	Do#-7	Sol#-7	Re#-7	La#-7	Fa-7	Do-7
Fa-7	Do-7	Sol-7	Re-7	La-7	Mi-7	Si-7	Fa#-7	Do#-7	Sol#-7	Re#-7	La#-7
Do-	Sol-	Re-	La-	Mi-	Si-	Fa#-	Do#-	Sol#-	Re#-	La#-	Fa-
Sol-7	Re-7	La-7	Mi-7	Si-7	Fa#-7	Do#-7	Sol#-7	Re#-7	La#-7	Fa-7	Do-7

Regola dei Due Terzi:

Questa regola consiste nell'aggiustamento dell'esecuzione del giro armonico Blues (ma per analogia è possibile ravvisarne un'applicazione anche nei giri armonici Jazz), secondo un criterio che propende verso una agevolazione sul piano pratico: si tratta del eseguire tutti i tre (e mutatis mutandis tre coppie di) accordi alla medesima altezza sulla tastiera, spostando se è il caso, uno dei tre in altra collocazione quando almeno gli altri due già vi si trovano.

25. GIRO ARMONICO JAZZ

Mentre i primi due giri armonici qui di seguito ("Beta" e "Gamma")[15] sono propedeutici all'andamento Jazz (poiché contemplano sfumature più frequenti con uno schema esecutivo non dissimile da quei giri armonici standard che qui ora possiamo chiamare "Alfa"), i due altri successivi ("Delta" e "Sigma")[16] possono essere considerati come dei veri e propri giri armonici Jazz. Si consiglia pertanto uno studio attento di tutti i giri armonici qui di seguito poiché la prima coppia è funzionale alla seconda.

Giro Beta Armonico

Do2	Sol2	Re2	La2	Mi2	Si2	Fa#2	Do#2	Sol#2	Re#2	La#2	Fa2
Sol	Re	La	Mi	Si	Fa#	Do#	Sol#	Re#	La#	Fa	Do
Re#7+	La#7+	Fa7+	Do7+	Sol7+	Re7+	La7+	Mi7+	Si7+	Fa#7+	Do#7+	Sol#7+
Mi-7	Si-7	Fa#-7	Do#-7	Sol#-7	Re#-7	La#-7	Fa-7	Do-7	Sol-7	Re-7	La-7

Giro Gamma Armonico

Do4	Sol4	Re4	La4	Mi4	Si4	Fa#4	Do#4	Sol#4	Re#4	La#4	Fa4
Re-2	La-2	Mi-2	Si-2	Fa#-2	Do#-2	Sol#-2	Re#-2	La#-2	Fa-2	Do-2	Sol-2
La-4	Mi-4	Si-4	Fa#-4	Do#-4	Sol#-4	Re#-4	La#-4	Fa-4	Do-4	Sol-4	Re-4
Sol	Re	La	Mi	Si	Fa#	Do#	Sol#	Re#	La#	Fa	Do

Giro Delta Armonico

Do7+	Sol7+	Re7+	La7+	Mi7+	Si7+	Fa#7+	Do#7+	Sol#7+	Re#7+	La#7+	Fa7+
Re-7	La-7	Mi-7	Si-7	Fa#-7	Do#-7	Sol#-7	Re#-7	La#-7	Fa-7	Do-7	Sol-7
Sol-7	Re-7	La-7	Mi-7	Si-7	Fa#-7	Do#-7	Sol#-7	Re#-7	La#-7	Fa-7	Do-7
La-11	Mi-11	Si-11	Fa#-11	Do#-11	Sol#-11	Re#-11	La#-11	Fa-11	Do-11	Sol-11	Re-11
Soldim	Redim	Ladim	Midim	Sidim	Fa#Dim	Do#Dim	Sol#Dim	Re#Dim	La#Dim	Fadim	Dodim
Fa11	Do11	Sol11	Re11	La11	Mi11	Si11	Fa#11	Do#11	Sol#11	Re#11	La#11

Giro Sigma Armonico

Do-7	Sol-7	Re-7	La-7	Mi-7	Si-7	Fa#-7	Do#-7	Sol#-7	Re#-7	La#-7	Fa-7
Ladim	Midim	Sidim	Fa#dim	Do#dim	Sol#dim	Re#dim	La#dim	Fadim	Dodim	Soldim	Redim
Mi-7	Si-7	Fa#-7	Do#-7	Sol#-7	Re#-7	La#-7	Fa-7	Do-7	Sol-7	Re-7	La-7
Midim	Sidim	Fa#dim	Do#dim	Sol#dim	Re#dim	La#dim	Fadim	Dodim	Soldim	Redim	Ladim
Re11	La11	Mi11	Si11	Fa#11	Do#11	Sol#11	Re#11	La#11	Fa11	Do11	Sol11
Re7	La7	Mi7	Si7	Fa#7	Do#7	Sol#7	Re#7	La#7	Fa7	Do7	Sol7

[15] Questa denominazione ad esclusiva finalità didattica è stata coniata qui come altrove dall'Autore del Manuale.
[16] Vedi nota precedente.

26. ACCORDI PARZIALI

Compreso che gli accordi sono formati da un numero maggiore uguale a tre note[17] (poiché altrimenti si avrebbe a che fare con i bicordi o con le corde *tout-court*), e compreso pure che in uno strumento cordofono come la chitarra, formato da sei o più corde[18], inevitabilmente si realizzano suoni "doppioni" nell'esecuzione degli accordi base (come le triadi) sollecitando tutte le sei corde (benché il suono prodotto si continui a chiamare accordo!), si può procedere in questa sede ad analizzare al dettaglio quella particolare tipologia esecutiva (propria della ritmica chitarristica) che è rubricata sotto il titolo di "Accordi parziali", ma che in verità si dovrebbe meglio nominare "esecuzione parziale delle sei corde".

Gli accordi parziali, che hanno in comune la sola caratteristica d'esser eseguiti su tre corde, si dividono in due categorie: i ***PowerChords***[19] (costruiti principalmente sulle corde gravi: ⑥Mi grave, ⑤La, ④Re, oppure, ⑤La, ④Re e ③ Sol) con una davvero scarna ampiezza didattica (e che come vedremo alcuni esser solo dei bicordi e quindi non veri e propri accordi), ed i ***CleanChords***[20] (costruiti esclusivamente sulle corde cantine: ③Sol, ②Si, ①Mi cantino), con una certamente maggiore ed elegante estensione disciplinare. Dei primi non c'è molto d'aggiungere rispetto a quanto già riportato in nota in calce alla pagina, se non che vengono utilizzati maggiormente in generi musicali aggressivi o pesanti come possono essere il Metal o l'Hard Rock, ma la cui conoscenza è sempre utile (per qualsivoglia applicazione creativa), privi di senso se non accompagnati da effetti che agiscono sul *gain*: distorsione, *overdrive*, etc.

Eccone le immagini con forma utilizzata esemplificativa, traslabile per il tramite delle regole di costruzione degli accordi sulla tastiera:

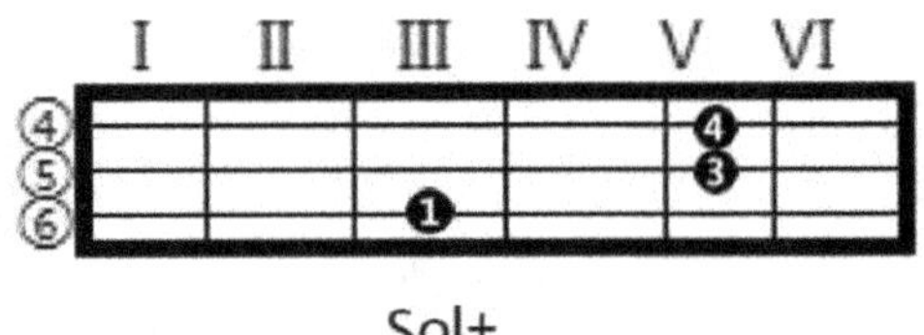

Sol±

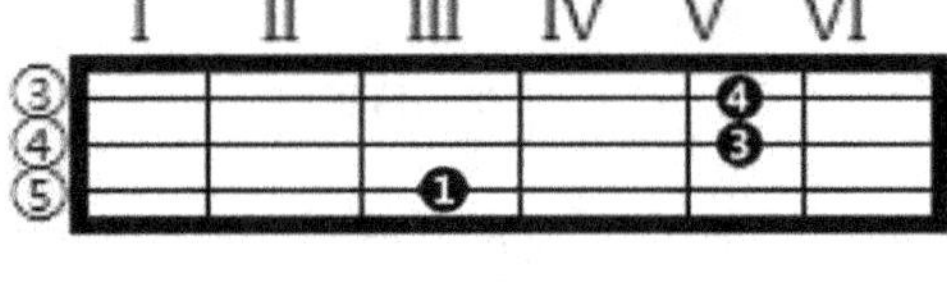

Do±

Questi Sol± e Do± nelle immagini (ovviamente eseguito solo con riferimento alle tre corde in questione) possono andar bene (per quanto possa andar bene un PowerChord!) anche come base di qualsivoglia altra sfumatura poiché (essendo eseguite solo Prima o Tonica e Quinta giusta dell'accordo) nulla conduce a ritenere esser questi bicordi (con Prima o Tonica doppione) dissonanti con le tetradi (così come le triadi maggiori e minori) rispettive delle varie sfumature.

Come si evince dalle due figure non esiste il barrè: non dovendo l'indice intercettare più che una corda, poco importa che questo dito tanga tutte le corde che negli accordi normali, cioè le sei corde, sono insieme pressate, e che qui quelle restanti sono già intercettate da anulare e mignolo; l'indice concentrato solo sulla corda della Tonica, inoltre, conferisce stabilità e forza alla nota che in questo accordo è, più d'ogni altro caso, fondamentale.

Non conviene segnatamente per questa categoria di accordi cercare e/o eseguire varianti che tengano conto, anche seppur parzialmente, di note di Settima, Quarta, Seconda, Sesta, etc., cioè "sfumature" in generale, in quanto il fatto che le corde sollecitate sono "gravi" il suono producibile sarebbe oltremodo cacofonico, se non propriamente dissonante, per le sconvenienti conseguenze sonore che una nota di variazione suonata troppo "vicina" alla tonica notoriamente implica.

---

[17] Triadi maggiori e minori, tetradi delle varie sfumature (Settima, Quarta, Seconda, Sesta, etc.), accordi jazz a cinque o sei note, etc.

[18] Mentre possono esistere chitarre a sette corde (con un Si grave antecedente al Mi grave), si trovano più frequentemente in giro anche chitarre a dodici corde (con sei coppie delle stesse note, ma con Sol, Re, La e Mi grave un'ottava alta).

[19] Un ***power chord*** o ***powerchord*** (in inglese, letteralmente, "accordo potente"), è un bicordo, ovvero un intervallo musicale composto da due suoni, che vengono generalmente eseguiti simultaneamente: la nota **fondamentale** (I grado, ovvero la nota dà il nome al power chord: Prima o Tonica) e la nota che dista ad un intervallo di V giusta (5º grado relativo). Talvolta, per rendere il suono più armonioso e corposo, viene aggiunto un altro suono di fondamentale ma eseguito ad un intervallo di VIII giusta, dunque raddoppiando, ad un'ottava superiore o inferiore, rispetto a quella in cui si trova la fondamentale. Viene anche chiamato accordo *di quinta*, per via dell'intervallo di quinta giusta che si forma quando viene suonato allo stato fondamentale. Un esempio: il power chord MI5, dove MI è la fondamentale, è composto da MI e da SI poiché *SI*, partendo dalla fondamentale, si trova al relativo quinto intervallo. Caratteristica del power chord è di essere composto solo da intervalli giusti (quarte, quinte ed ottave), ed è quindi privo di intervalli maggiori e minori (che sono invece presenti negli accordi veri e propri accordi, cioè tricordi formati, in stato fondamentale, da: fondamentale, intervallo di terza e di quinta). Tale caratteristica rievoca, per certi versi, le armonie usate nell'antica musica polifonica (prime forme di contrappunto, organum). Ma le radici dei power chord sono antichissime: risalgono alle coppie di trombe mono-nota in uso ai tempi dell'Antica Roma. Proprio per gli intervalli che lo caratterizzano (ed in particolare per l'assenza di terze e seste) non esistono power chord maggiori o minori[1]. Tuttavia il power chord può riferirsi ad un contesto armonico maggiore o minore, in riferimento all'armonia e alle armonizzazioni in cui è inserito. Per la sua potenza, e la sua semplicità d'uso, è largamente utilizzato nell'Heavy metal e nel Punk rock, generi che richiedono alla chitarra una presenza predominante.

[20] Denominazione convenzionale propria del metodo "Ritmica-Mente", sostitutiva della denominazione precedente "accordi su tre corde".

Dei secondi accordi bisogna invece fare un discorso molto più puntuale, qui di seguito.
I *CleanChords* vengono utilizzati come gli accordi "più puliti", per una serie di motivi: 1) contengono tutte e tre le note della triade; 2) contengono solo la note della triade; 3) sono eseguiti sulle corde più alte, coincidenti con le cantine; 4) vengono utilizzati solo con effettistica non distorta, quindi *"clean"*, o con effetti che ad ogni modo non agiscono sul *gain*. Si trovano questi in generi musicali degli anni '80 quali il Pop, il PopRock, il CleanRock nonché la Disco.

Eccone le immagini con forma utilizzata esemplificativa, traslabile per il tramite delle regole di costruzione degli accordi sulla tastiera; alcuni di questi hanno una duplice natura: possono essere utilizzati (anche se difettano di talune note, anche importanti) come sfumature (tetradi o addirittura jazz).

La#-

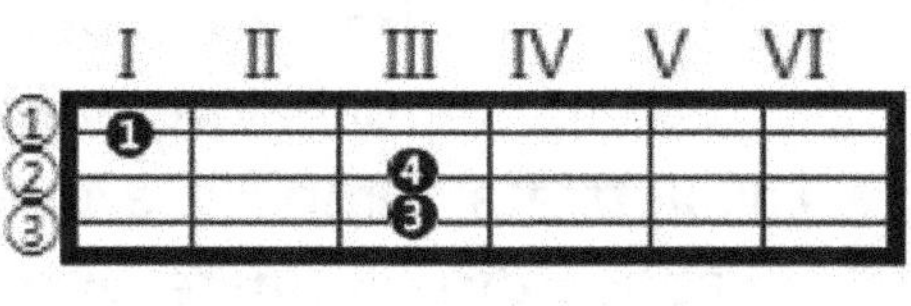

La#2

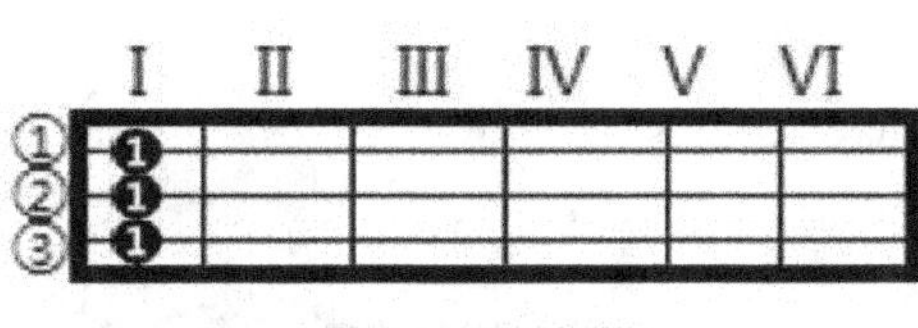

Fa- Do#7+

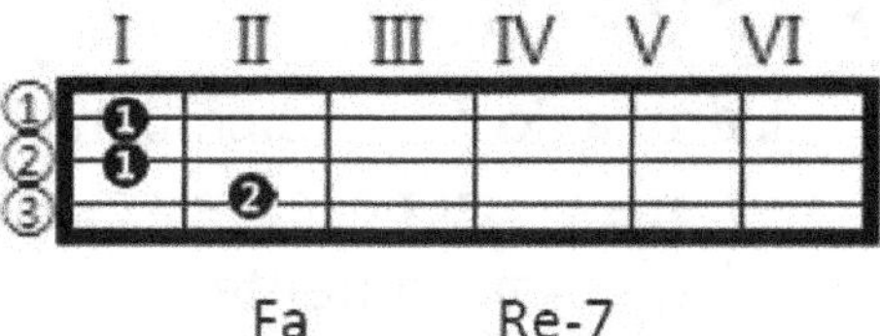

Fa Re-7

Re7 La-6

Re

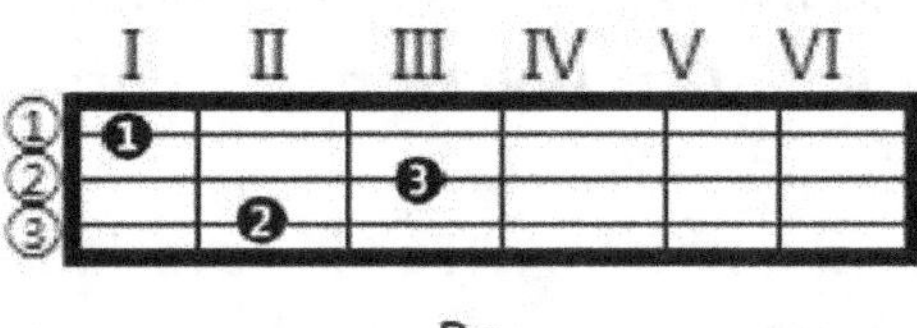

Re-

La#7

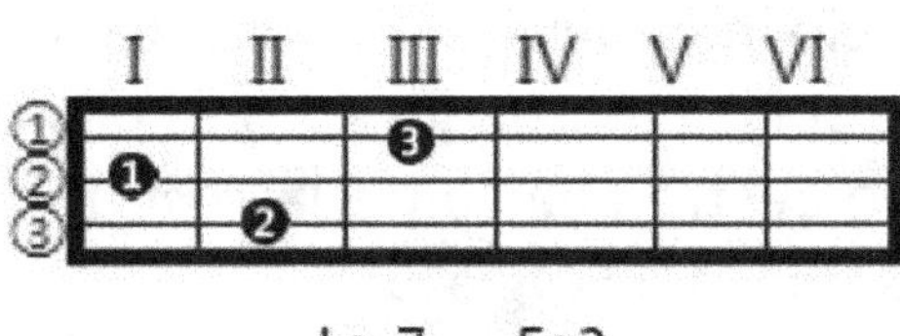

La-7 Fa2

Fa4

Fa-2

Mi13

27. PLETTRATA

La plettrata, utilizzata per lo più nella Solistica e nell'arpeggio, consiste nel far vibrare una corda ad opera di una sollecitazione scaturita dalla pressione esercitata da un plettro su singole corde individualmente: il movimento deve essere necessariamente compiuto (al contrario della Pennata) dal polso (mentre il gomito rimane immobile), e per ottenere una velocità maggiore bisogna eseguirla alternata: su e giù.

La plettrata semplice è quindi fortemente sconsigliata nelle scale, in quanto non è capace di sviluppare un prodotto sonoro qualitativamente equiparabile alla plettrata alternata[21]: è invece consigliata nell'arpeggio.

28. ARPEGGIO

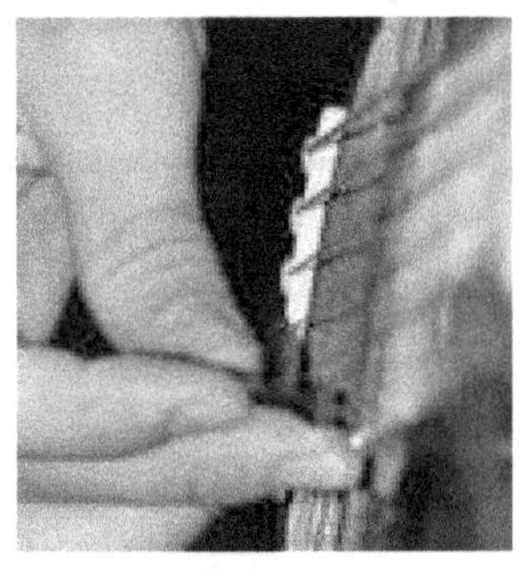

L'arpeggio è un abbellimento che si applica a un accordo, in cui le note vengono eseguite in successione più o meno rapida anziché simultaneamente.

L'arpeggio viene suonato generalmente dalla nota più bassa a quella più alta. Sulle corde della chitarra sono svariati i metodi di esecuzione degli arpeggi, che comunque tendono preferibilmente a far vibrare prima, come nota più bassa, una appartenente alle corde gravi (MI, La, Re) nel nostro caso intercettando la tonica, e poi tutte e tre le cantine (Sol, Si, Mi) intercettando gli altri intervalli (nel caso di un accordo maggiore: terza maggiore e quinta giusta o dominante) . Con la mano sinistra andiamo ad eseguire regolarmente il nostro accordo, con la mano destra invece possiamo utilizzare le dita: **Pollice** per le corde gravi; **Indice, medio ed anulare** per le tre corde cantine.

Altrimenti possiamo utilizzare semplicemente il plettro. Tra le svariate combinazioni di esecuzione di un arpeggio possiamo trovare anche delle particolarità dove si fanno vibrare cinque o addirittura tutte e sei le corde.

L'Arpeggio è difficilmente collocabile nella disciplina Ritmica e Solistica in quanto non è propriamente né l'una né l'altra: se da un lato mutua gli accordi dalla Ritmica, ma non anche le Pennate (quindi solo la mano destra), dall'altro lato mutua la plettrata dalla Solistica (quindi la mano sinistra), ma non la diteggiatura.

E' importante ribadire però che gli schemi che sono stati inserite nelle pagine seguenti circa l'arpeggio (a soli fini didattici) indicano non l'attività della mano sinistra ma della mano destra: per la mano sinistra si rimanda ai Giri Armonici.

---

[21] Mentre la plettrata semplice corrisponde alla reiterazione di una sollecitazione con un solo "tocco" (che nella disciplina classica corrisponderebbe all'utilizzo di un solo dito, p.es.: solo indice), la plettrata alternata raggiunge il doppio della velocità della plettrata semplice poiché (corrisponde al disimpegno di tue "tocchi" in successione (che nella disciplina classica corrisponderebbero all'utilizzo di due dita, p.es.: indice e medio). La disciplina classica in verità contempla anche l'utilizzo dell'anulare, raggiungendo una velocità che è tripla rispetto alla c.d. plettrata semplice.

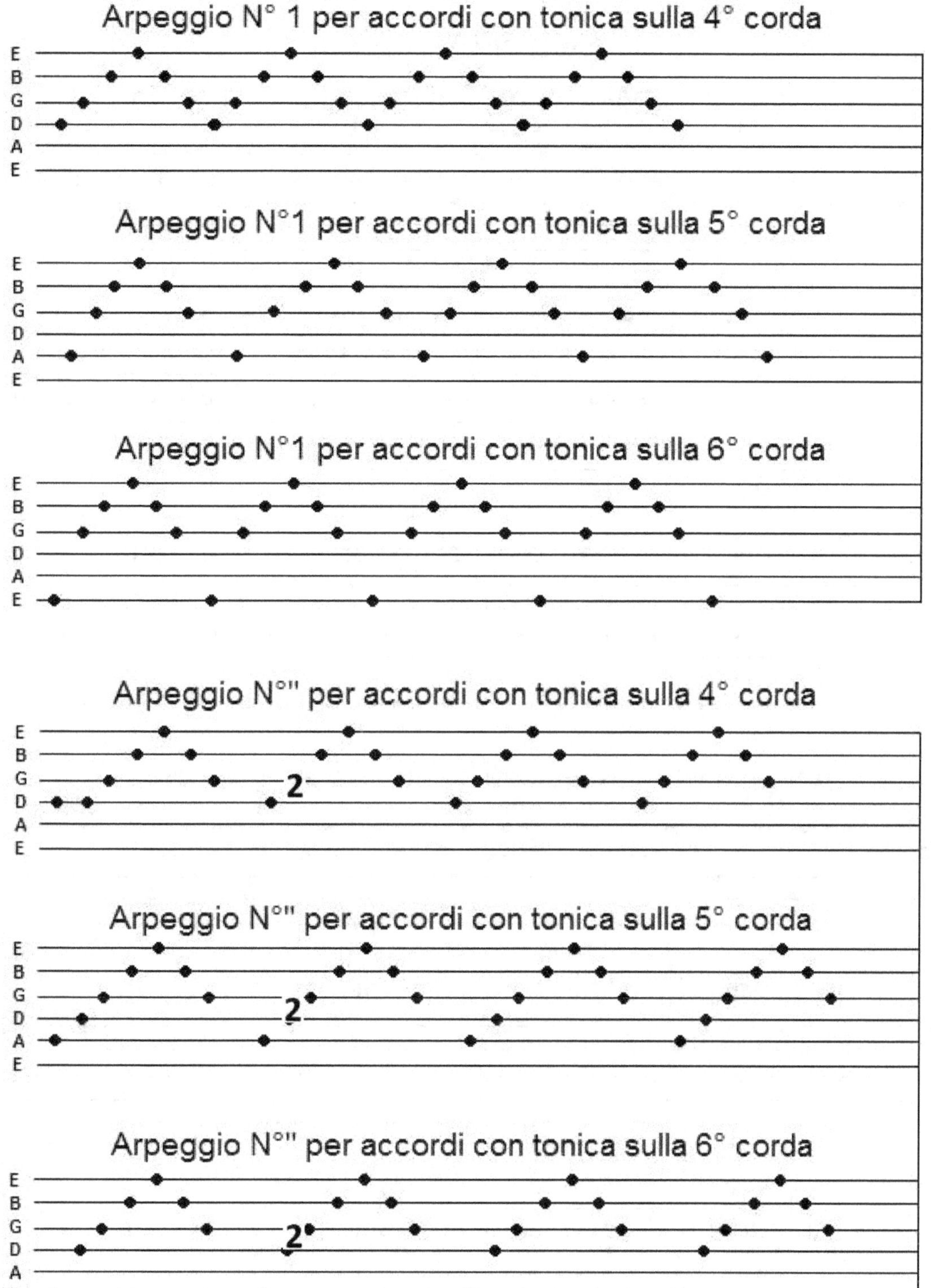

L'arpeggio N° 1 è quello base, fra i più semplici esercizi arpeggiati per chitarra. L'arpeggio N° 2 è un esempio di una tipica tecnica di esecuzione di alcuni brani tornati in voga durante la Beat Generation (come p.es.: The House of the Rising Sun).

ARPEGGIO N°3 E N°4

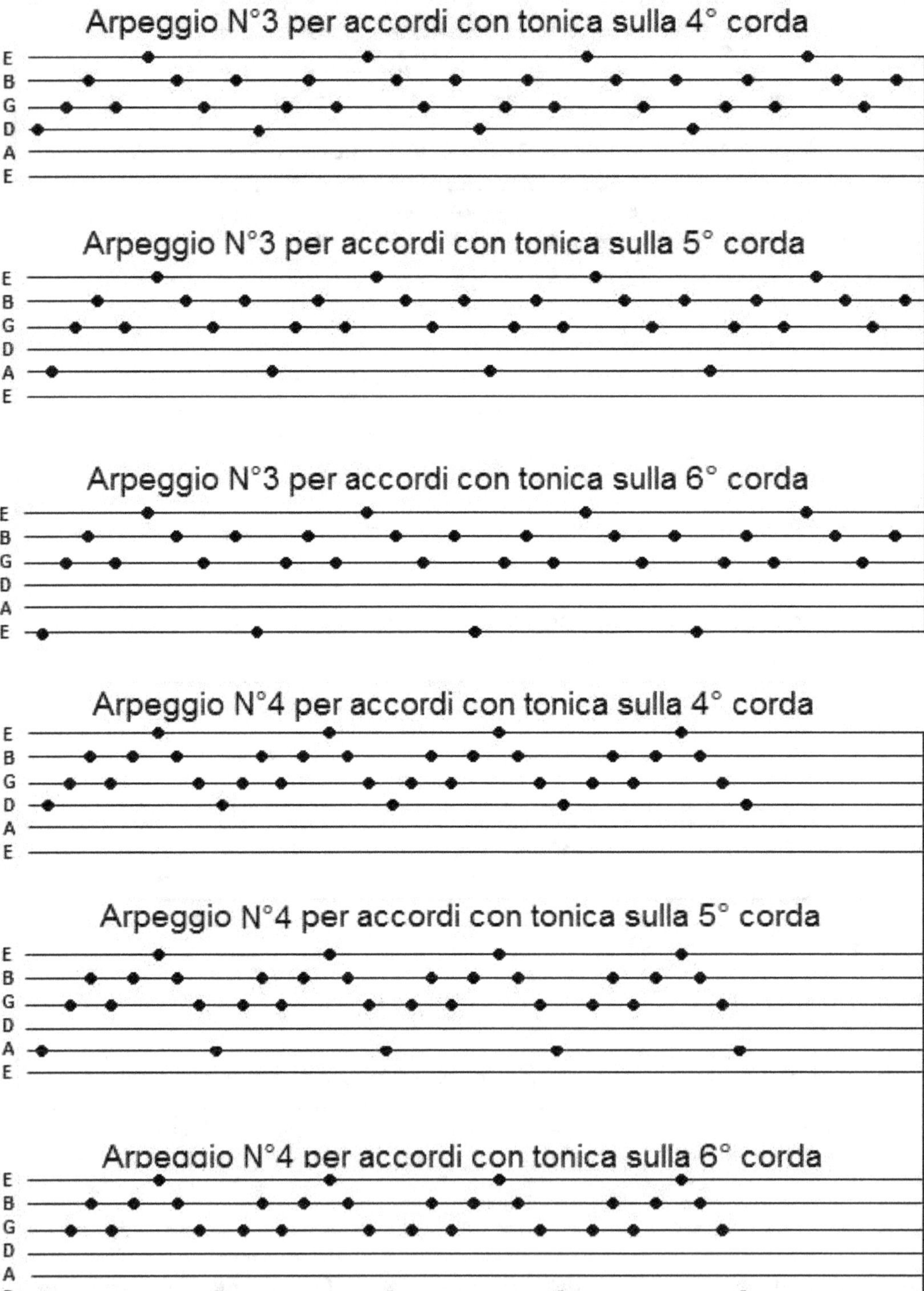

ARPEGGIO N°5 E N°6

ARPEGGIO N°7 E N°8[22]

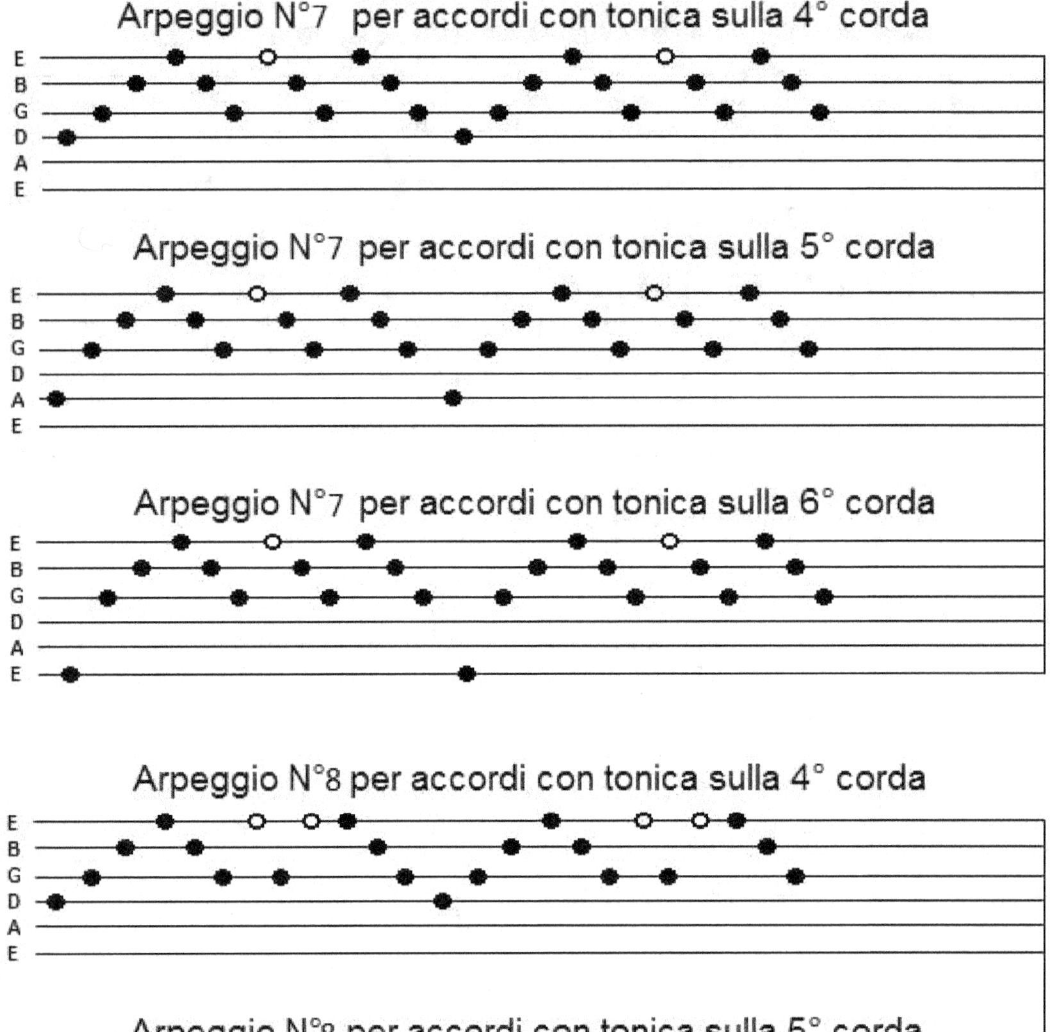

[22] La sollecitazione indicata con un cerchio bianco indica una variazione nell'accordo (limitata al suono della prima corda, ossia del Mi cantino) estrinsecantesi in una sfumatura transitorio realizzantesi con una applicazione non permanente di un singolo dito (Quasi sempre il dito numero quattro della mano sinistra, ossia il mignolo). Alcuni esempi qui di seguito ricalcando l'ordine dei giri armonici:
Giro di Do: Do(ip) = 4 III; La-2 = 4 III; Re-4 = 4 III; Sol = 4 III;
Giro di Sol: Sol2 = 4 V; Mi-2 = 4 II; La-2 = 4 III; Re7/4 = 4 III
Giro di Re: Re4 = 4 III; Si-6 = prima corda vuota; Mi-2 = 4 II; La7/6 = 4 II;
Giro di La: La6 = 4 II; Fa#-2 = 4 IV; Si-6 = prima corda vuota; Mi7/2 = 4 II.

29. TABLATURA

Una **tablatura** è un metodo alternativo al pentagramma per scrivere la musica. Anche se non è il termine italiano corretto, spesso si utilizza la dicitura *intavolatura* o *tabulatura* (dal lat. *tabula*, "tavola"). Una tablatura si compone di un certo numero di linee orizzontali ognuna rappresentante una delle corde dello strumento (quindi 6 per una chitarra moderna e da 4 a 6 per un basso moderno). Da sinistra a destra è rappresentato il tempo, ogni rigo rappresenta una corda, i numeri scritti sopra ogni riga rappresentano il tasto da premere sul manico dello strumento. L'intavolatura indica solo la successione di corde da premere, ma non ha modo di rappresentare la durata di tali note, senza usare riferimenti esterni. Al contrario l'uso della tablatura può essere positivo per lo studio delle scale. Nell'immagine la tablatura presentata è della scala diatonica a due ottave di Do maggiore.

Scala Diatonica Do maggiore 2 ottave

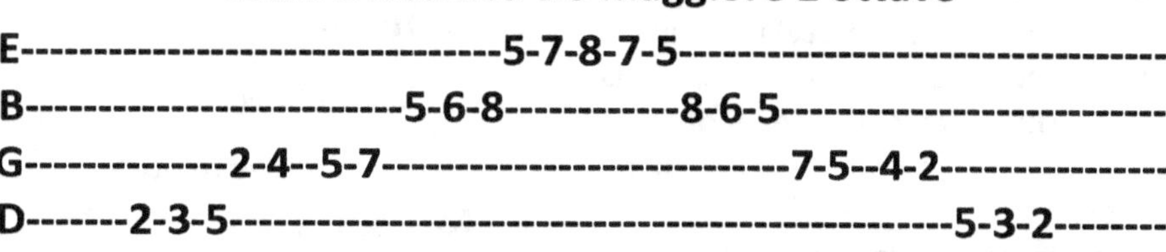

```
E--------------------------------5-7-8-7-5----------------------------------
B-------------------------5-6-8------------8-6-5---------------------------
G-------------2-4--5-7---------------------------7-5--4-2-----------------
D-------2-3-5-----------------------------------------------5-3-2---------
A--3-5-------------------------------------------------------------5-3----
E--------------------------------------------------------------------------
```

Altri particolari caratteri ravvisantisi nella tablatura sono quelli che indicano il glissato (o slide) con il carattere "/"[23], la legatura ascendente (o Hammer on) con la lettera "h", la legatura discendente (o Pull off) con la lettera "p", il piegamento (o Bending) con la lettera "b" seguita entro parentesi dalla nota che vuolsi raggiungere, il rilascio del piegamento (o Reverse bending) con la lettera "r" con la nota che vuolsi raggiungere (che può o meno seguire il bending); il vibrato invece si indica con un zig e zag sopra la tablatura di lieve portata se orizzontale, marcato se verticale, e così via[24].

Esempi delle varie tecniche

```
E------------------------------------------------/11—9—9/6-9h11p9-------
B-----------------------------------8/10------------------------------------
G---------------------7—7h9p7-------------------------------------------
D-------5---7b(8)r7-5------------------------------------------------------
A—3/5--5-------------------------------------------------------------------
E----------------------------------------------------------------------------
 1  1 1 1 3     1 1    1 3 1    1 1      1    1    1    1 3 1
```

[23] Qui lo slide non ha lo stesso significato dello slash della diteggiatura: mentre qui indica un glissato, ossia uno scivolamento sulla corda, là indica un salto: ciò che non ha motivo d'esser indicato in una tablatura.

[24] La tablatura contempla anche altre diverse indicazioni collaterali all'esagramma: caratteri alfanumerici che indicano una notazione convenzionale e specifica [come p. es. (ma con portata molto rara): la corretta diteggiatura].

30. DITEGGIATURA

La diteggiatura è un metodo più comodo di leggere le scale musicali da eseguire su una chitarra. E' un metodo più generale, nel quale raccoglie una più vasta possibilità di tonalità e di precisione esecutiva. La diteggiatura si legge in questo modo: ogni numero cerchiato è una corda: ①Mi ②Si ③Sol ④Re ⑤La ⑥Mi; ogni numero è un dito: 1 indice, 2 medio, 3 anulare, 4 mignolo; ad ogni dito corrisponde un tasto, così che se nel terzo tasto ci sta l'indice, il mignolo starà al sesto tasto. Lo slash (/) indica uno scorrimento veloce del dito sulla corda (quindi della mano sulla tastiera), fino a giungere al tasto da suonare, indicato dal numero di questi: uno slash equivale ad un semitono. Nella diteggiatura si può vedere La scala diatonica a due ottave per eccellenza che può spaziare dal Sib al Mib, la scala prende il nome dalla prima nota toccata (Nel caso della scala diatonica maggiore a due ottave dal secondo dito sulla quinta corda); es. nel caso della scala di do maggiore la nota è do.

Il numero in grassetto contenuto nella scala è la note di apice: la più alta nota raggiunta dalla scala, e pertanto qualsiasi numero scritto posteriormente sulla stessa corda, non può che essere discendente rispetto a quello.

I numeri $^{1\,2\,3\,4}$ (scritti però in apice, così come è graficamente riportato) significano la relativa esecuzione nella corda immediatamente più alta rispetto a quella indicata dentro al cerchio: questa particolarità è presente esclusivamente solo nelle "scale per terze".

Per converso i numeri $_{1\,2\,3\,4}$ (scritti però in pedice, così come è graficamente riportato) significano la relativa esecuzione nella corda immediatamente più bassa rispetto a quella indicata dentro al cerchio: questa particolarità è presente esclusivamente solo nelle "scale boogie per terze".

Le "scale per terze" sono state realizzate sulla base della estrapolazione di queste ultime dalla tradizionale disciplina classica, rielaborate ed adattate per questo manuale: anche se la denominazione "per terze" ha senso, come ben sappiamo, solo per le scale che contengono almeno le sette note, per semplicità utilizzeremo questa denominazione anche per le scale formate da cinque note (Pentatoniche, Blues, Boogie).

𝄞 **Diatonica**

𝄢	2 ottave maggiore	TTSTTTS
𝄢	2 ottave minore	TSTTSTT
𝄢	3 ottave maggiore	
𝄢	3 ottave minore	

𝄞 **Armonica**

𝄋	2 ottave minore	TSTTS3ST
𝄋	3 ottave minore	

𝄞 **Melodica**

⊕	3 ottave minore melodica	
⊕	2 ottave minore melodica	TSTTTTS

𝄞 **Pentatonica**

♩	2 ottave maggiore	TT3ST3S
♩	2 ottave minore	3STT3ST
♩	3 ottave maggiore	
♩	3 ottave minore	

𝄞 **Blues**

{	2 ottave maggiore	3STSST3S
{	2 ottave minore	3STSS3ST
{	3 ottave maggiore	
{	3 ottave minore	

𝄞 **Boogie**

C	2 ottave maggiore	2T3STS
C	2 ottave minore	3S3STS
C	3 ottave maggiore	
C	3 ottave minore	

31. CORRETTA ESECUZIONE DELLE SCALE

Esecuzione delle scale

Per una corretta esecuzione delle scale sono necessari degli accorgimenti dai quali non si può assolutamente prescindere. Innanzitutto bisogna impostare la mano sinistra così come viene descritto all'inizio di questo manuale alla sezione "Posizione delle mani sulla chitarra": pollice in corrispondenza del medio, ogni dito al proprio tasto, niente incursioni di dita non pertinenti, punte delle dita (tra unghia e polpastrello) perpendicolari alla tastiera (rivolgendo l'unghia verso l'esecutore o studente), divieto di tocco del fret, etc.

A queste regole generali se ne aggiungono di più specifiche per una corretta esecuzione delle scale, che insieme a quelle supra, formano una lista di precetti da seguire con rigore:

- 𝄞 - Mano aperta: la base delle dita non deve toccare il manico della chitarra;
- 𝄞 - Mano piatta, dritta e non coricata trasversalmente;
- 𝄞 - Dita perpendicolari e a martelletto: pigiare col polpastrello;
- 𝄞 - Non staccare le dita nella fase ascendente: mantenere la stabilità;
- 𝄞 - Non trascinare la corda negli slash (/): niente glissato;
- 𝄞 - Pollice dritto in corrispondenza del medio ed immobile;
- 𝄞 - Niente sbavature: premere saldamente le corde;
- 𝄞 - Tempo costante;
- 𝄞 - Suono legato: niente vuoti di suono;
- 𝄞 - Mignolo corretto;*
- 𝄞 - Niente bending: non piegare la corda;

* Essendo il dito più piccolo e meno allenato è il più portare a non osservare le regole, e quindi ha bisogno di una puntualizzazione a sé stante.

Andamenti delle scale

Questo manuale propone tre modalità di andamento per la esecuzione delle scale:

- ❖ **Andamento standard**: Con questo andamento le scale vengono eseguite interamente con un'andatura costante, senza variazioni nell'accento, assecondando il battito del metronomo.

- ❖ **Andamento sincopato:** Con questo andamento le scale vengono eseguite invece con una cadenza ed un accento diverso: le note, a gruppi di due per volta vengono eseguite la prima con una durata ed un accento superiore, la seconda con una durata ed un tempo inferiore.

- ❖ **Andamento ritroso:** Con questo andamento le scale vengono eseguite in un modo alquanto differente, a metà tra lo standard e la modalità d'esecuzione delle scale per terze: l'andatura è costante, ma per ogni tre note ascendente ve n'è una discendente (per intenderci: tre passi avanti ed uno indietro).

32. DIATONICHE

La scala diatonica maggiore è composta dai rapporti fra note di: Tonica, Seconda maggiore, Terza maggiore,Quarta giusta o Sottodominante, Quinta giusta o dominante, Sesta maggiore e Settima maggiore. Schema tonale: TTSTTTS

Scala Diatonica 2 ottave maggiore

[(Si = II) (Do = III) (Re = V) (Mi = VII) (Fa = VIII)]

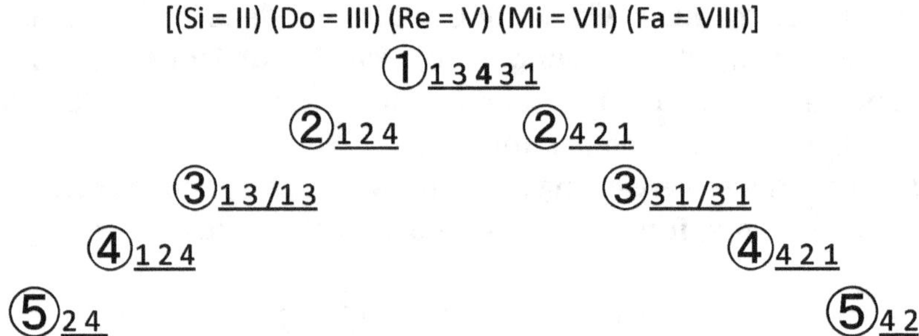

1° Scala Diatonica 3 ottave maggiore

[(Fa = I) (Sol = III) (La = V)]

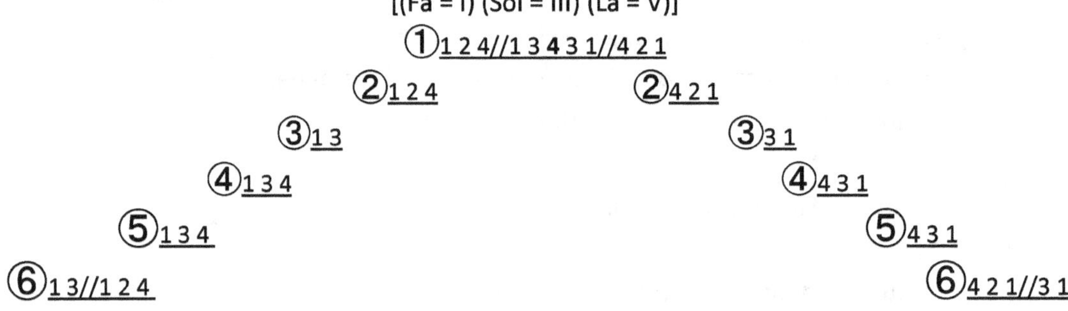

2° Scala Diatonica 3 ottave maggiore (Mi)*

*0 è corda vuota, 1 al II tasto

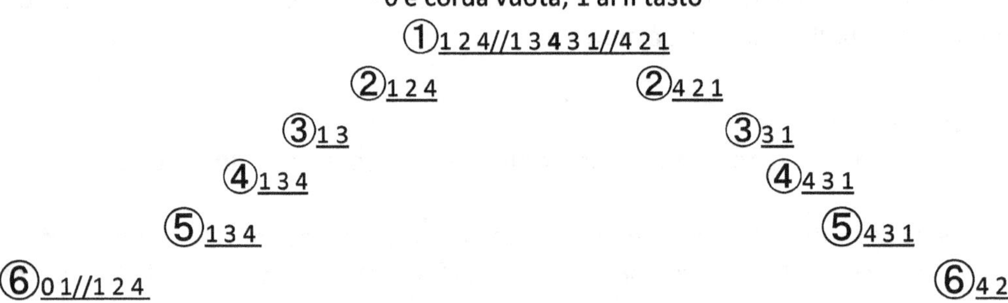

3° Scala Diatonica 3 ottave maggiore

[(Sol = III) (La = V)]

①1 2 4//1 **3** 4 3 1//4 2 1

②1 2 4 ②4 2 1

③1 3 ③3 1

④1 3 4//1 3 4 ④4 3 1//4 3 1

⑤1 2 4 ⑤4 2 1

⑥2 4 ⑥4 2

La scala diatonica minore è composta dai rapporti fra le note di: Tonica, Seconda maggiore, Terza minore, Quarta giusta o Sottodominante, Quinta giusta o dominante, Sesta minore e Settima minore.
Schema tonale: TSTTSTT

Scala diatonica 2 ottave minore

[(Si = II) (Do = III) (Re = V) (Mi = VII) (Fa = VIII)]

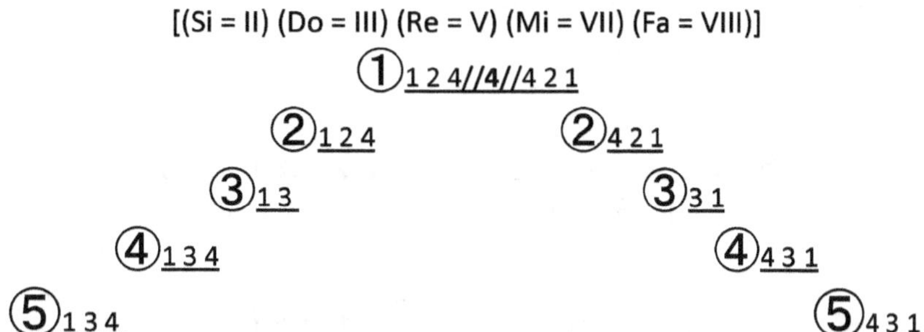

1° Scala Diatonica 3 ottave minore

[(Fa = I) (Sol = III) (La = V)]

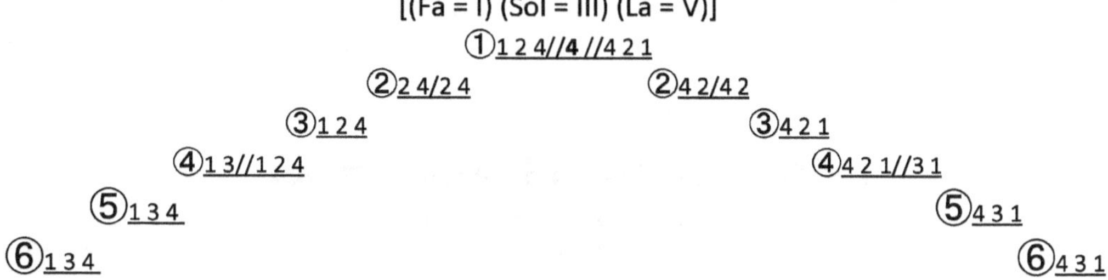

2° Scala Diatonica 3 ottave minore (Mi)*

*0 è corda vuota, 2 al III tasto

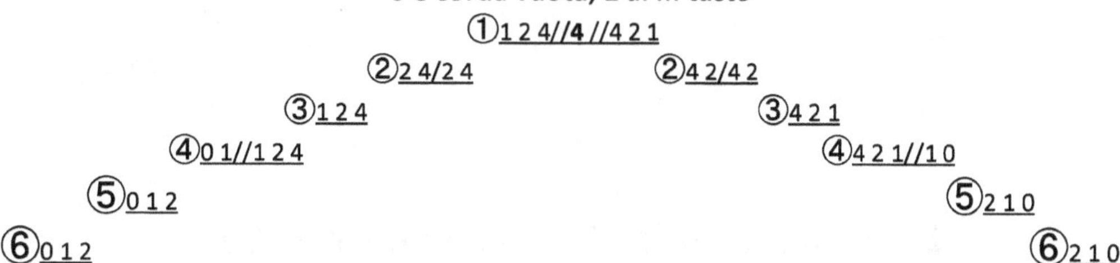

Scala Diatonica Composita minore

La scala diatonica composita minore è costituita dalla unione della scala a tre ed a due ottave, secondo lo schema: ascendente tre ottave, discendente due ottave, ascendente due ottave, discendente tre ottave.

Scala Diatonica Composita maggiore

La scala diatonica composita maggiore è costituita dalla unione della scala a tre ed a due ottave, secondo lo schema: ascendente tre ottave, discendente due ottave, ascendente due ottave, discendente tre ottave.

33. ARMONICHE MINORI

La scala armonica è composta dai rapporti fra le note di: Tonica, Seconda maggiore, Terza minore, Quarta giusta o Sottodominante, Quinta giusta o dominante, Sesta minore e Settima maggiore.
Schema tonale: TSTTT3S

Scala Armonica 2 ottave minore

[(Si = II) (Do = III) (Re = V) (Mi = VII) (Fa = VIII)]

①2 3 2

②1 2//1 3 4 ②4 3 1//2 1

③2 3 ③3 2

④1 3 4 ④4 3 1

⑤1 3 4 ⑤4 3 1

1° Scala armonica 3 ottave minore

[(Fa = I) (Sol = III) (La = V)]

①2 3 2

②1 3 4//1 3 4 ②4 3 1//4 3 1

③1 3/1 4 ③4 1/31

④2 3//3 4 ④4 3//2 3

⑤1 3 4 ⑤4 3 1

⑥1 3 4 ⑥4 3 1

2° Scala armonica 3 ottave minore (Mi)*

*0 è corda vuota, 2 al II tasto

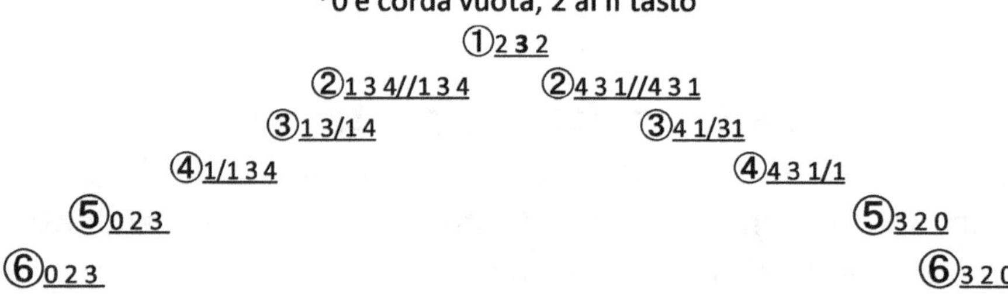

Scala Armonica Composita minore

La scala composita armonica minore è costituita dalla unione della scala a tre ed a due ottave, secondo lo schema: ascendente tre ottave, discendente due ottave, ascendente due ottave, discendente tre ottave.

34. ARMONICHE MAGGIORI o di V. Bellini

La scala armonica maggiore (o Scala di Bellini) è composta dai rapporti fra le note di: Tonica, Seconda maggiore, Terza maggiore, Quarta giusta o Sottodominante, Quinta giusta o dominante, Sesta minore e Settima maggiore. Schema tonale: TTSTS3S.

Scala Armonica 2 ottave maggiore

[(Si = II) (Do = III) (Re = V) (Mi = VII) (Fa = VIII)]

①2 3 2

②1 3/1 3 4 ②4 3 1/3 1

③2 3 ③3 2

④1 2 4/4 ④4/4 2 1

⑤2 4 ⑤4 2

1° Scala armonica 3 ottave maggiore

[(Sol = III) (La = V)]

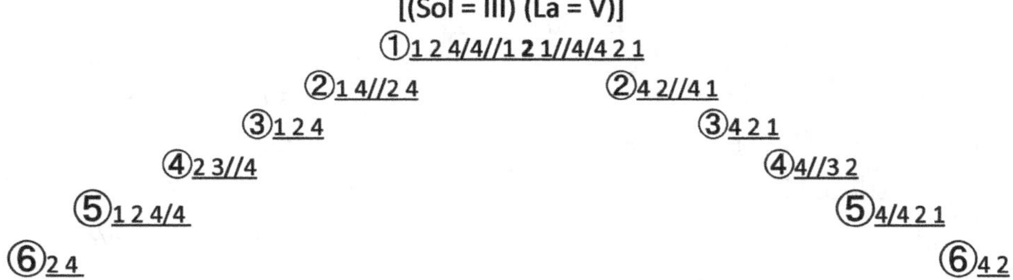

2° Scala armonica 3 ottave maggiore (Mi)*

*0 è corda vuota, 1 al II tasto

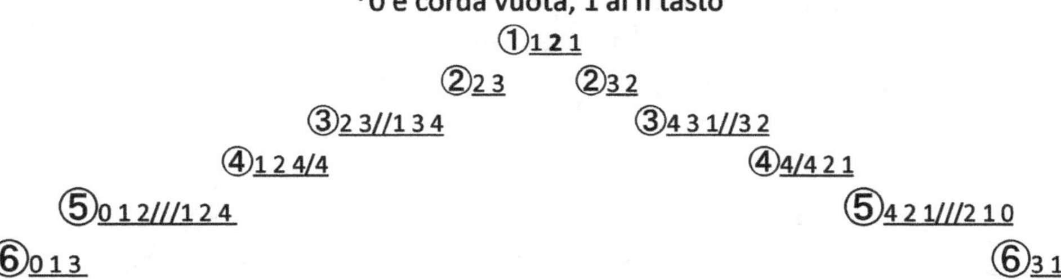

Scala Armonica Composita maggiore

La scala composita armonica minore è costituita dalla unione della scala a tre ed a due ottave, secondo lo schema: ascendente tre ottave, discendente due ottave, ascendente due ottave, discendente tre ottave.

35. MELODICHE

La scala melodica è composta dai rapporti fra le note di: Tonica, Seconda maggiore, Terza minore, Quarta giusta o Sottodominante, Quinta giusta o dominante, Sesta maggiore e Settima maggiore.
Schema tonale: TSTTTTS

Scala Melodica 2 ottave minore

[(Si = II) (Do = III) (Re = V) (Mi = VII) (Fa = VIII)]

①1 **2**//4 2 1

②2 4 ②4 2 1

③1 2 4 ③3 1

④1 3//1 3 4 ④4 3 1

⑤1 3 4 ⑤4 3 1

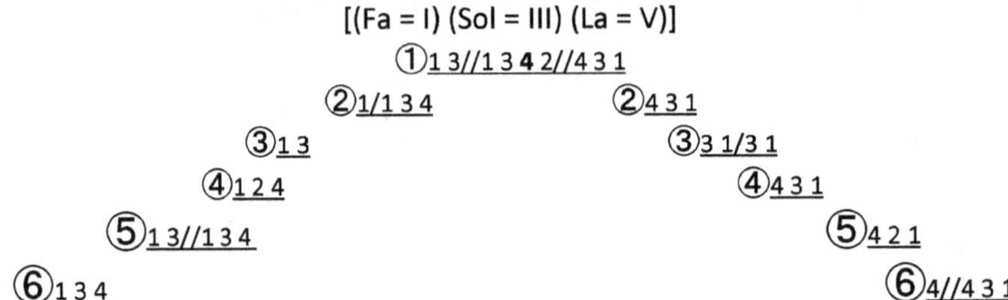

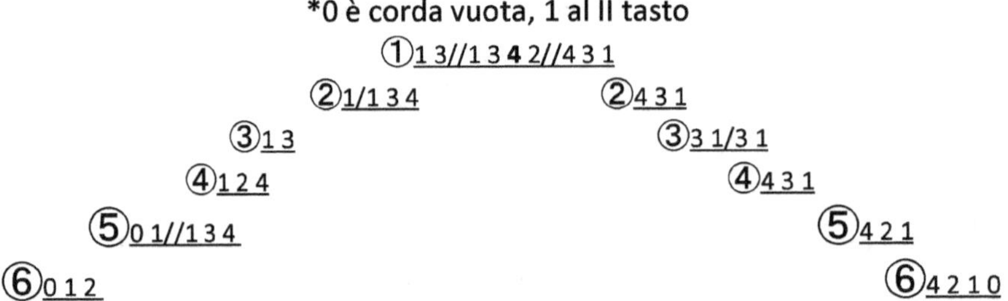

Scala Minore Bachiana o Melodica Jazz

La scala Minore Melodica conosce una variazione importante, quella disegnata dal compositore e musicista tedesco Johann Sebastian Bach (bachiana appunto), che prevede l'esecuzione sia in fase ascendente e discendente dell'andamento così come scritto per l'ascendente, formula talvolta indicata anche come Melodica Jazz.

36. PENTATONICHE

La scala pentatonica maggiore è composta dai rapporti fra le note di: Tonica, Seconda maggiore, Terza maggiore, Quinta giusta o dominante, Sesta maggiore.
Schema tonale: TT3ST3S

Scala Pentatonica 2 ottave maggiore

[(Si = II) (Do = III) (Re = V) (Mi = VII) (Fa = VIII)]

①2 4///4///4 2
②2 4 ②4 2
③1 4 ③4 1
④1 4 ④4 1
⑤2 4 ⑤4 2

1° Scala Pentatonica 3 ottave maggiore

[(Fa = I) (Sol = III) (La = V)]

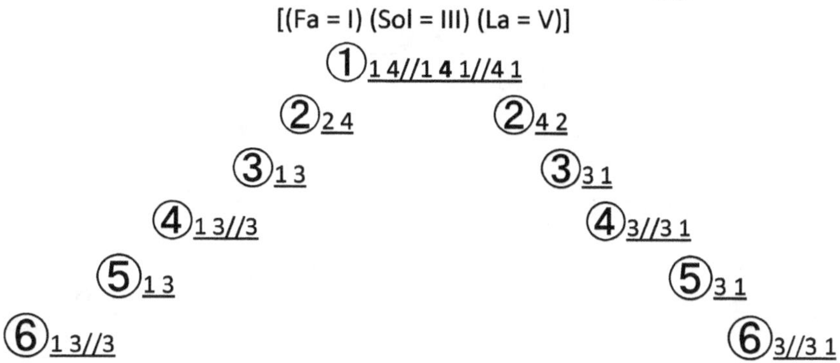

2° Scala Pentatonica 3 ottave maggiore (Mi)*

*0 è corda vuota, 1 al II tasto

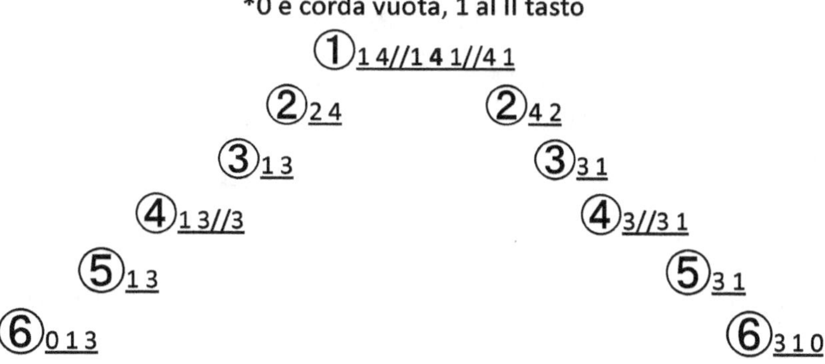

Scala Pentatonica Composita maggiore

La scala pentatonica composita maggiore è costituita dalla unione della scala a tre ed a due ottave, secondo lo schema: ascendente tre ottave, discendente due ottave, ascendente due ottave, discendente tre ottave.

La scala pentatonica minore è composta dai rapporti fra le note di: Tonica, Terza minore , Quarta giusta o Sottodominante, Quinta giusta o dominante, Settima minore.
Schema tonale: 3STT3ST

Scala Pentatonica 2 ottave minore

[(Si = II) (Do = III) (Re = V) (Mi = VII) (Fa = VIII)]

①1 4//4//4 1
②2 4 ②4 2
③1 3 ③3 1
④1 3 ④3 1
⑤1 4 ⑤4 1

1° Scala Pentatonica 3 ottave maggiore

[(Fa = I) (Sol = III) (La = V)]

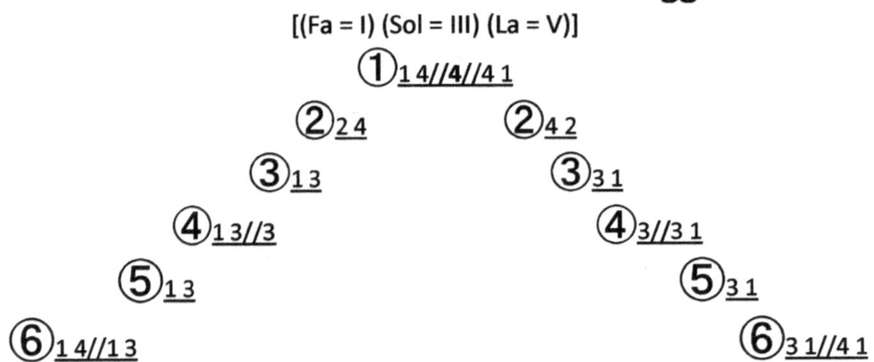

2° Scala Pentatonica 3 ottave maggiore (Mi)*

*0 è corda vuota, 1 al III tasto

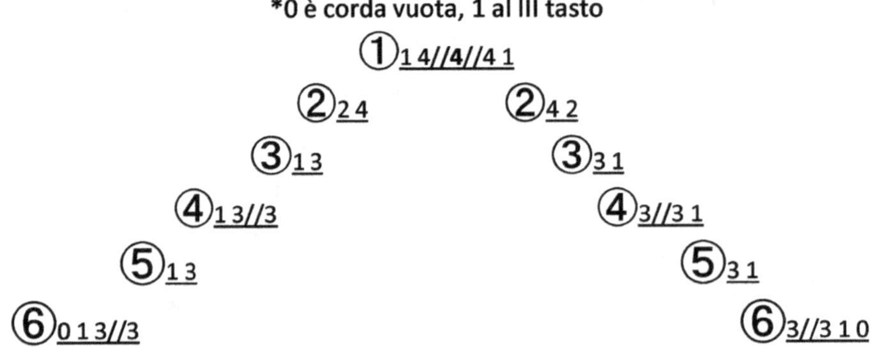

Scala Pentatonica Composita minore

La scala Pentatonica composita minore è costituita dalla unione della scala a tre ed a due ottave, secondo lo schema: ascendente tre ottave, discendente due ottave, ascendente due ottave, discendente tre ottave.

37. BLUES

La scala blues maggiore è composta dai rapporti fra note di: Tonica, Terza minore,Quarta giusta o Sottodominante, Quarta aumentata o Quinta diminuita, Quinta giusta o dominante, Sesta maggiore. Schema tonale: 3STSST3S

Scala Blues 2 ottave maggiore

[(Si = II) (Do = III) (Re = V) (Mi = VII) (Fa = VIII)]

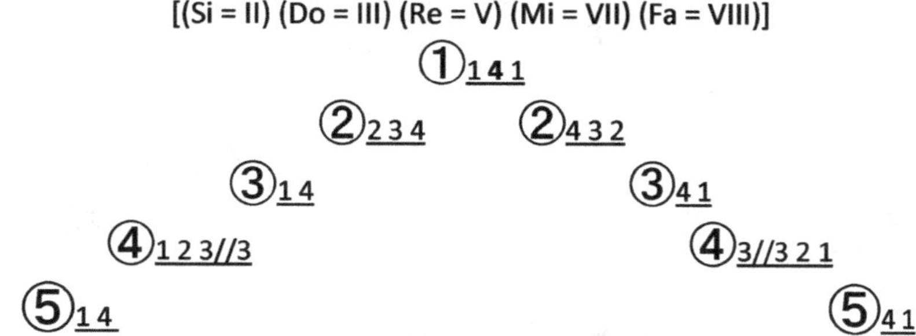

1° Scala Blues 3 ottave maggiore

[(Fa = I) (Sol = III) (La = V)]

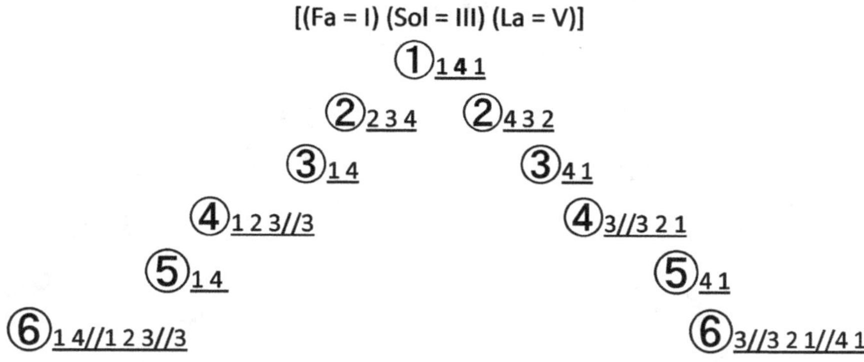

2° Scala Blues 3 ottave maggiore (Mi)*

*0 è corda vuota, 1 al III tasto

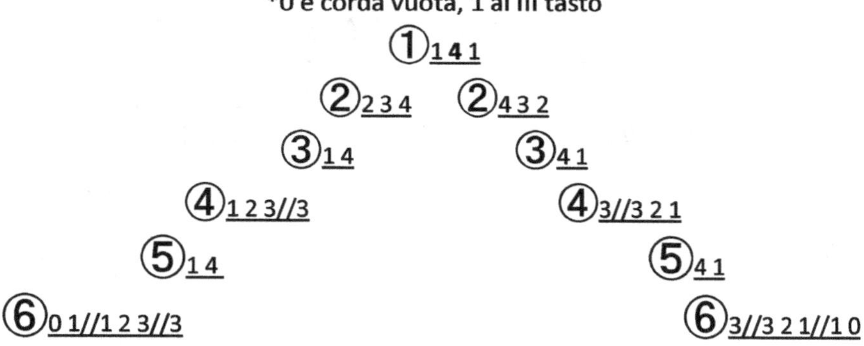

Scala Blues Composita maggiore

La scala blues composita maggiore è costituita dalla unione della scala a tre ed a due ottave, secondo lo schema: ascendente tre ottave, discendente due ottave, ascendente due ottave, discendente tre ottave.

La scala blues minore è composta dai rapporti fra note di: Tonica, Terza minore,Quarta giusta o Sottodominante, Quarta aumentata o Quinta diminuita, Quinta giusta o dominante, Settima minore. Schema tonale: 3STSS3ST

Scala Blues 2 ottave minore

[(Si = II) (Do = III) (Re = V) (Mi = VII) (Fa = VIII)]

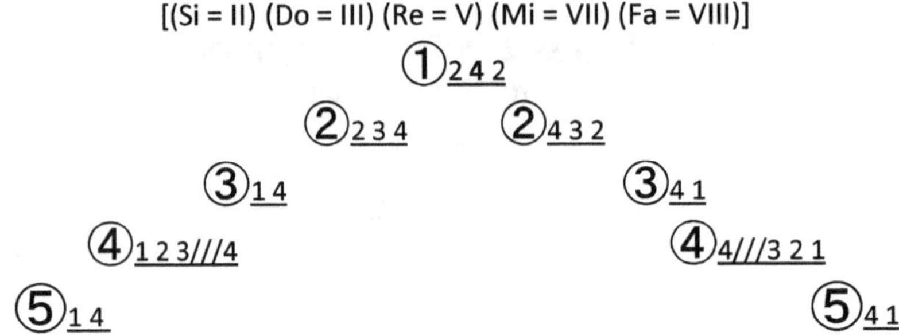

1° Scala Blues 3 ottave minore

[(Fa = I) (Sol = III) (La = V)]

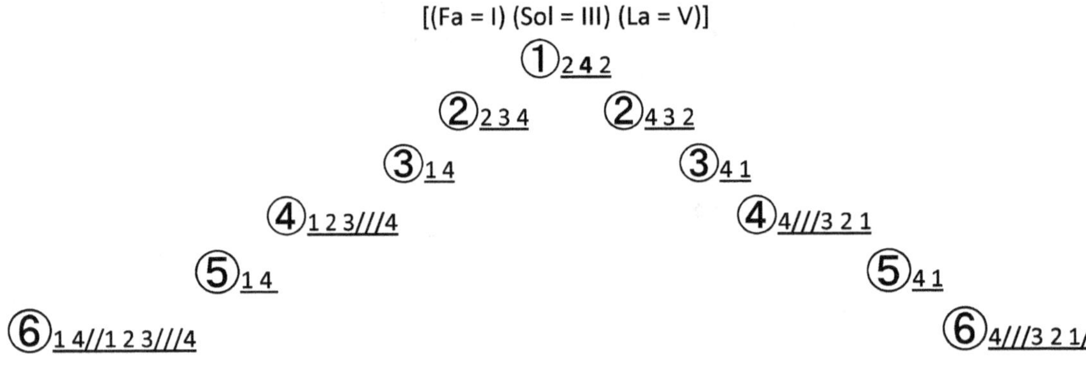

2° Scala Blues 3 ottave minore (Mi)*

*0 è corda vuota, 1 al III tasto

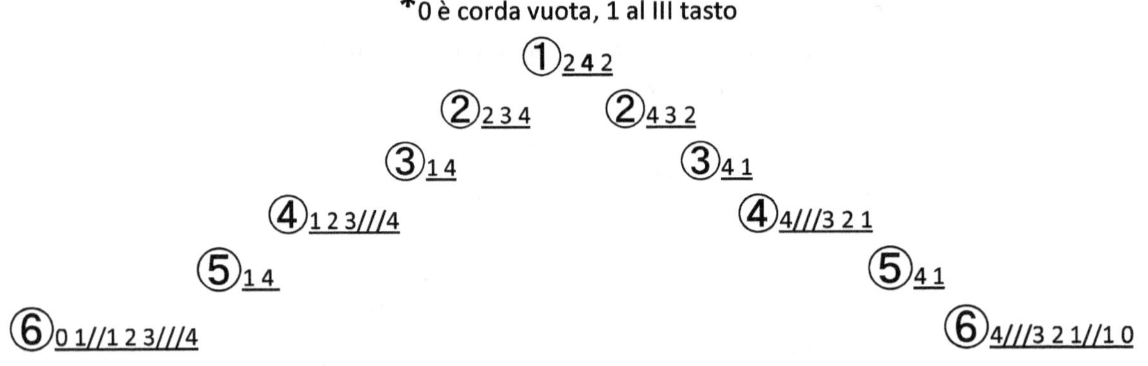

Scala Blues Composita minore

La scala blues composita minore è costituita dalla unione della scala a tre ed a due ottave, secondo lo schema: ascendente tre ottave, discendente due ottave, ascendente due ottave, discendente tre ottave.

38. BOOGIE

La scala boogie maggiore è composta dai rapporti fra le note di: Tonica, Terza maggiore, Quinta giusta o dominante, Sesta maggiore, Settima minore.
Schema tonale: 2T3STS

Scala Boogie 2 ottave maggiore

[(Si = II) (Do = III) (Re = V) (Mi = VII) (Fa = VIII)]

①1 2 **4** 2 1
②1 4 ②4 1
③1 2//1 ③1//2 1
④1 4 ④4 1
⑤2 ⑤2

1° Scala Boogie 3 ottave maggiore

[(Sol = III) (La = V)]

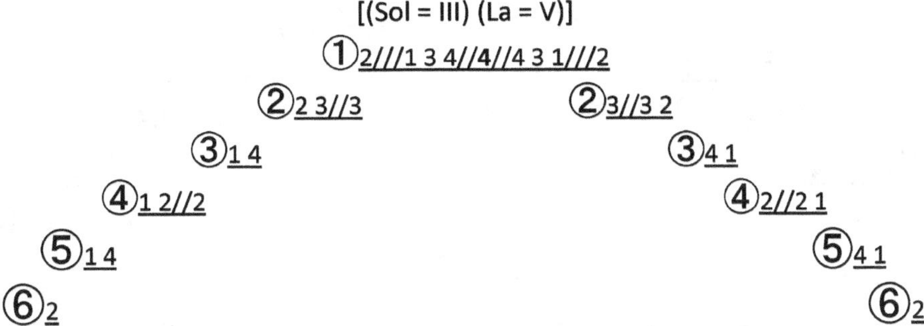

2° Scala Boogie 3 ottave maggiore (Mi)*

*0 è corda vuota, 3 al IV tasto

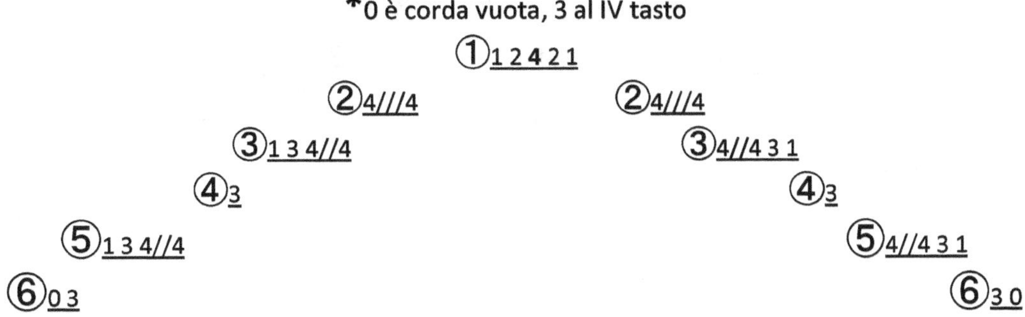

Scala Boogie Composita maggiore

La scala boogie composita maggiore è costituita dalla unione della scala a tre ed a due ottave, secondo lo schema: ascendente tre ottave, discendente due ottave, ascendente due ottave, discendente tre ottave.

La scala boogie minore è composta dai rapporti fra le note di: Tonica, Terza minore, Quinta giusta o dominante, Sesta maggiore, Settima minore.
Schema tonale: 3S3STS

Scala Boogie 2 ottave minore

[(Si = II) (Do = III) (Re = V) (Mi = VII) (Fa = VIII)]

①1 2 **4** 2 1

②4 ②4

③1 4 ③4 1

④3//3 4 ④4 3//3

⑤1 4 ⑤4 1

1° Scala Boogie 3 ottave minore

[(Fa = I) (Sol = III) (La = V)]

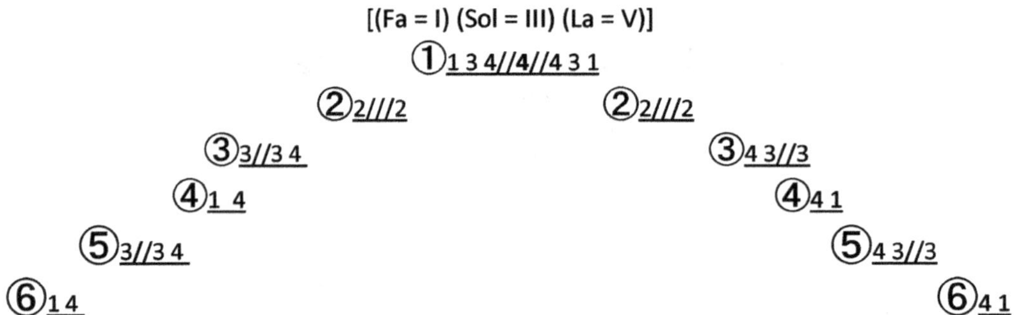

2° Scala Boogie 3 ottave minore (Mi)*

*0 è corda vuota, 2 al III tasto

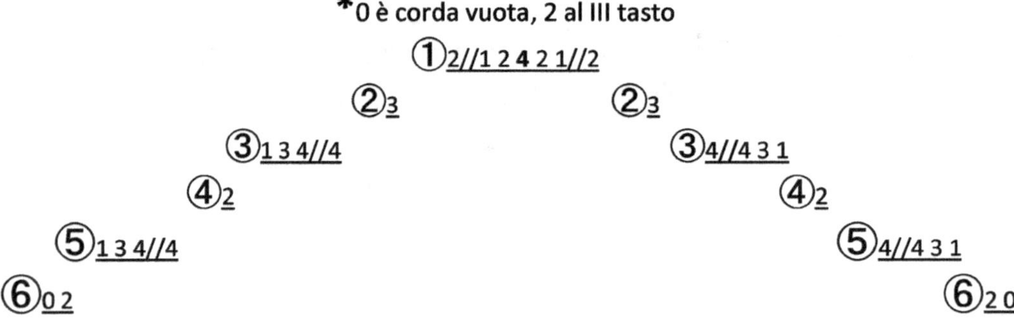

Scala Boogie Composita minore

La scala boogie composita minore è costituita dalla unione della scala a tre ed a due ottave, secondo lo schema: ascendente tre ottave, discendente due ottave, ascendente due ottave, discendente tre ottave.

39. DIATONICHE PER TERZE

La scala diatonica maggiore per terze è composta dai rapporti fra note di: Prima (o Tonica), Terza Maggiore, Seconda maggiore, Quarta giusta, Terza maggiore, Quinta giusta (o Dominante), Quarta giusta (o Sottodominante), Sesta maggiore, Quinta giusta (o Dominante), Settima maggiore, Sesta maggiore, Ottava (o tonica), Settima maggiore, Nona maggiore, Ottava (o Tonica) e Decima maggiore.

Scala Diatonica 2 ottave maggiore per terze

[(Si = II) (Do = III) (Re = V) (Mi = VII) (Fa = VIII)]

①1 4 3///3 1////**4**////1 3///3 4 1

②1 4 2^{1} 4^{3} ②$^{3}4$ $^{1}2$ 4 1

③1 4 3^{2}/$1^{2(1)}$ 3^{2} ③$^{2}3$ $^{2(1)}1$/$^{2}3$ 4 1

④1 4 2^{1} 4^{3} ④$^{3}4$ $^{1}2$ 4 1

⑤$2^{1}$ 4^{2} ⑤$^{2}4$ $^{1}2$

1° Scala Diatonica 3 ottave maggiore per terze

[(Fa = I) (Sol = III) (La = V)]

①1 4 3///3 1////**4**////1 3///3 4 1

②1 4 2^{1} 4^{3} ②$^{3}4$ $^{1}2$ 4 1

③1////3 1 4 3^{2}/$1^{2(1)}$ 3^{2} ③$^{2}3$ $^{2(1)}1$/$^{2}3$ 4 1 3////1

④1 4 3^{1} 4^{3} ④$^{3}4$ $^{1}3$ 4 1

⑤1////3 1 4 3^{1} 4^{3} ⑤$^{3}4$ $^{1}3$ 4 1 3////1

⑥1////3 1 4 3^{1} 4^{3} ⑥$^{3}4$ $^{1}3$ 4 1 3////1

2° Scala Diatonica 3 ottave maggiore per terze (Mi)*

*0 è corda vuota, 3 al IV tasto

①1 4 3///3 1////**4**////1 3///3 4 1

②1 4 2^{1} 4^{3} ②$^{3}4$ $^{1}2$ 4 1

③1////3 1 4 3^{2}/$1^{2(1)}$ 3^{2} ③$^{2}3$ $^{2(1)}1$/$^{2}3$ 4 1 3////1

④1 4 3^{1} 4^{3} ④$^{3}4$ $^{1}3$ 4 1

⑤1////3 1 4 3^{1} 4^{3} ⑤$^{3}4$ $^{1}3$ 4 1 3////1

⑥0 3 1 4 3^{1} 4^{3} ⑥$^{3}4$ $^{1}3$ 4 1 3 0

3° Scala Diatonica 3 ottave maggiore per terze

[(Sol = III) (La = V)]

①1 4 2////**4**////2 4 1

②1 4 2^{1} 4^{2} //3^{1} 4^{3}//2^{1} 4^{2} ②$^{2}4$ $^{1}2$//$^{3}4$ $^{1}3$//$^{2}4$ $^{1}2$ 4 1

③$1^{2(1)}$ 3^{2} ③$^{2}3$ $^{(1)2}1$

④1 4 3^{1} 4^{3}//3^{1}//3^{1} 4^{3} ④$^{3}4$ $^{1}3$//$^{1}3$//$^{3}4$ $^{1}3$ 4 1

⑤1 4 2^{1} 4^{3} ⑤$^{3}4$ $^{1}2$ 4 1

⑥$2^{1}$ 4^{2} ⑥$^{2}4$ $^{1}2$

La scala diatonica minore per terze è composta dai rapporti fra le note di: Prima (o Tonica), Terza minore, Seconda maggiore, Quarta giusta (o Sottodominante), Terza minore, Quinta giusta (o Dominante), Quarta giusta (o Sottodominante), Sesta minore, Quinta giusta (o Dominante), Settima minore, Sesta minore, Ottava (o Tonica), Settima minore e Seconda minore.

Scala diatonica 2 ottave minore per terze

[(Si = II) (Do = III) (Re = V) (Mi = VII) (Fa = VIII)]

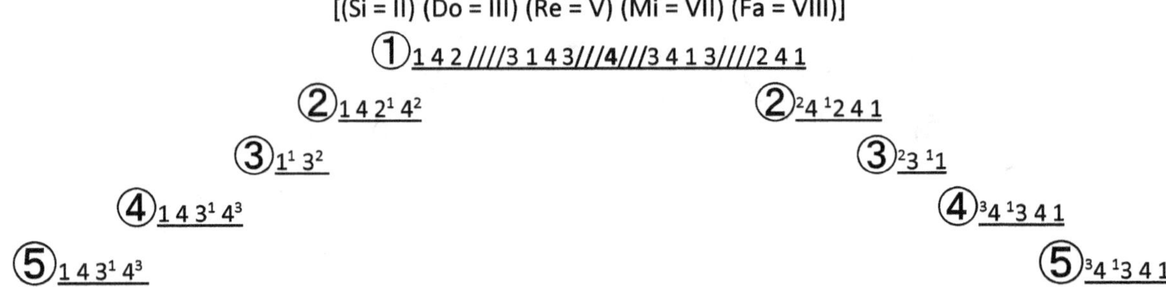

1° Scala Diatonica 3 ottave minore per terze

[(Fa = I) (Sol = III) (La = V)]

① 1 4 2////3 1 4 3///**4**///3 4 1 3////2 4 1

② 2///2 1 4 2^1 4^2 — ② ^{2}4 ^{1}2 4 1 2///2

③ 1 4 2^2 4^4 — ③ ^{4}4 ^{2}2 4 1

④ 1////3 1 4 3///4 2^1 4^2 — ④ ^{2}4 ^{1}2 4///3 4 1 3////1

⑤ 1 4 3^1 4^3 — ⑤ ^{3}4 ^{1}3 4 1

⑥ 1 4 3^1 4^3 — ⑥ ^{3}4 ^{1}3 4 1

2° Scala Diatonica 3 ottave minore per terze (Mi)*

*0 è corda vuota, 2 al II tasto

① 1 4 2////3 1 4 3///**4**///3 4 1 3////2 4 1

② 2///2 1 4 2^1 4^2 — ② ^{2}4 ^{1}2 4 1 2///2

③ 1 4 2^2 4^4 — ③ ^{4}4 ^{2}2 4 1

④ 1 0 3 1 4 3///4 2^1 4^2 — ④ ^{2}4 ^{1}2 4///3 4 1 3 0 1

⑤ 1 0 2 1^0 2 — ⑤ 2 ^{0}1 2 0 1

⑥ 0 2 1^0 2 — ⑥ 2 ^{0}1 2 0

40. ARMONICHE PER TERZE

La scala armonica per terze è composta dai rapporti fra le note di: Tonica, Terza minore, Seconda maggiore, Quarta giusta o Sottodominante, Terza minore, Quinta giusta o dominante, Quarta giusta o Sottodominante, Sesta minore ,Quinta giusta o dominante, Settima maggiore, Sesta minore, Ottava, Settima maggiore e Decima maggiore.

Scala armonica 2 ottave minore per terze

[(Si = II) (Do = III) (Re = V) (Mi = VII) (Fa = VIII)]

① 2////3 1 **4** 1 3////2

② 1 4 2^1 4^2//3^2 4^3 ② ${}^3 4$ ${}^2 3$ //${}^2 4$ ${}^1 2$ 4 1

③ 2^1 3^2 ③ ${}^2 3$ ${}^1 2$

④ 1 4 3^2 4^3 ④ ${}^3 4$ ${}^2 3$ 4 1

⑤ 1 4 3^1 4^3 ⑤ ${}^3 4$ ${}^1 3$ 4 1

1° Scala Armonica 3 ottave minore per terze

[(Fa = I) (Sol = III) (La = V)]

① 1 4 3////4 1////2 1 **4** 1 2////1 4////3 4 1

② 1 4 3^1 4^3 ② ${}^3 4$ ${}^1 3$ 4 1

③ 1 4 3////4 1^1 4^3 ③ ${}^3 4$ ${}^1 1$ 4////3 4 1

④ 2///3 1 4 3^1 4^3 ④ ${}^3 4$ ${}^1 3$ 4 1 3///2

⑤ 1 4 3^2 4^3 ⑤ ${}^3 4$ ${}^2 3$ 4 1

⑥ 1 4 3^1 4^3 ⑥ ${}^3 4$ ${}^1 3$ 4 1

Scala Armonica 3 ottave minore per terze (Mi)*

*0 è corda vuota, 2 al II tasto

① 1 4 3////4 1////2 1 **4** 1 2////1 4////3 4 1

② 1 4 3^1 4^3 ② ${}^3 4$ ${}^1 3$ 4 1

③ 1 4 3////4 1^1 4^3 ③ ${}^3 4$ ${}^1 1$ 4////3 4 1

④ 1 4 2///4 3^1 4^3 ④ ${}^3 4$ ${}^1 3$ 4///2 4 1

⑤ 2 0 3 2^1 3^2 ⑤ ${}^2 3$ ${}^1 2$ 3 0 2

⑥ 0 3 2^0 3 ⑥ 3 ${}^0 2$ 3 0

41. MELODICHE PER TERZE

La scala melodica per terze è composta dai rapporti fra le note di: Tonica, Terza minore, Seconda maggiore, Quarta giusta o Sottodominante, Terza minore, Quinta giusta o dominante, Quarta giusta o Sottodominante, Sesta maggiore, Quinta giusta o dominante, Settima maggiore, Sesta maggiore, Ottava, Terza minore, Settima maggiore e Seconda maggiore.

Scala Melodica 2 ottave minore per terze

[(Si = II) (Do = III) (Re = V) (Mi = VII) (Fa = VIII)]

① 1 4 2////4////3 4 1 3////2 4 1

② 2^1 4^2 ② ^{2}4 ^{1}2 4 1

③ 1 4 2^2 4^4 ③ ^{2}3 ^{1}1

④ 1////3 1////3 1 4 3^1 4^2 ④ ^{3}4 ^{1}3 4 1

⑤ 1 4 3^1 4^3 ⑤ ^{3}4 ^{1}3 4 1

1° Scala Melodica 3 ottave minore per terze

[(Fa = I) (Sol = III) (La = V)]

① 1////3 1////3 1 4 3///3 1 4///3 4 1 3////2 4 1

② 1///3 1 4 3^1 4^3 ② ^{2}4 ^{1}2 4 1 2///2

③ 1^1 3^2 ③ ^{4}4 ^{2}2 4 1

④ 1 4 2^1 4^3 ④ ^{2}4 ^{1}2 4///3 4 1 3////1

⑤ 1////3 1////3 1 4 3^1 4^2 ⑤ ^{3}4 ^{1}3 4 1

⑥ 1 4 3^1 4^3 ⑥ ^{3}4 ^{1}3 4 1

2° Scala melodica 3 ottave minore per terze (Mi)*

*0 è corda vuota, 1 al II tasto

① 1////3 1////3 1 4 3///3 1 4///3 4 1 3////2 4 1

② 1///3 1 4 3^1 4^3 ② ^{2}4 ^{1}2 4 1 2///2

③ 1^1 3^2 ③ ^{4}4 ^{2}2 4 1

④ 1 4 2^1 4^3 ④ ^{2}4 ^{1}2 4///3 4 1 3////0

⑤ 0 3 1////3 1 4 3^1 4^2 ⑤ ^{1}2 ^{0}1 2 0

⑥ 0 2 1^0 2^1 ⑤ ^{1}2 ^{0}1 2 0

42. PENTATONICHE PER TERZE

La scala pentatonica maggiore per terze è composta dai rapporti fra le note di: Tonica, Terza maggiore, Seconda maggiore, Quinta giusta o dominante, Terza maggiore, Sesta maggiore, Quinta giusta o dominante, Ottava, Sesta maggiore e Seconda maggiore.

Scala Pentatonica 2 ottave maggiore per terze

[(Si = II) (Do = III) (Re = V) (Mi = VII) (Fa = VIII)]

① 2/////4 1/////3 1/////4/////1 3////1 4 /////2

② $2^2\ 4^4$ — ② $^4 4\ ^2 2$

③ $1^2\ 4^4$ — ③ $^4 4\ ^2 1$

④ $1^1\ 4^4$ — ④ $^4 4\ ^1 1$

⑤ $2^1\ 4^4$ — ⑤ $^4 4\ ^1 2$

1° Scala Pentatonica 3 ottave maggiore per terze

[(Fa = I) (Sol = III) (La = V)]

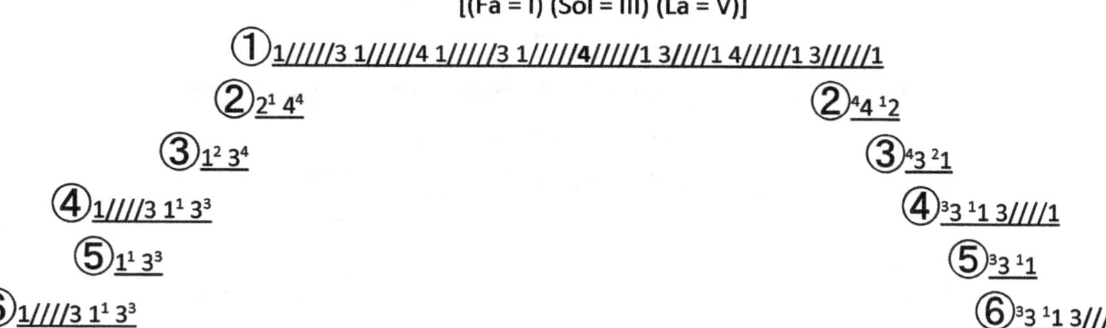

2° Scala Pentatonica 3 ottave maggiore per terze (Mi)*

[(Sol = III) (La = V)]

*0 è corda vuota, 1 al II tasto

La scala pentatonica minore per terze è composta dai rapporti fra le note di: Tonica, Quarta giusta o Sottodominante, Terza minore , Quinta giusta o dominante, Quarta giusta o Sottodominante, Settima minore, Quinta giusta o dominante, Ottava, Settima minore e Terza minore.

Scala Pentatonica 2 ottave minore per terze

[(Si = II) (Do = III) (Re = V) (Mi = VII) (Fa = VIII)]

① 1/////3 1/////4 1/////**4**/////1 4/////1 3///// 1

② $2^1\ 4^4$ ② ${}^44\ {}^12$

③ $1^2\ 3^4$ ③ ${}^43\ {}^21$

④ $1^1\ 3^3$ ④ ${}^33\ {}^11$

⑤ $1^1\ 4^3$ ⑤ ${}^34\ {}^11$

1° Scala Pentatonica 3 ottave minore per terze

[(Fa = I) (Sol = III) (La = V)]

① 1/////3 1/////4 1/////**4**/////1 4/////1 3///// 1

② $2^1\ 4^4$ ② ${}^44\ {}^12$

③ $1^2\ 3^4$ ③ ${}^43\ {}^21$

④ 1////3 $1^1\ 3^3$ ④ ${}^33\ {}^11$ 3////1

⑤ $1^1\ 3^3$ ⑤ ${}^33\ {}^11$

⑥ 1/////3 1////3 $1^1\ 3^3$ ⑥ ${}^33\ {}^11$ 3////1 3/////1

2° Scala Pentatonica 3 ottave minore per terze (Mi)*

*0 è corda vuota, 1 al III tasto

① 1/////3 1/////4 1/////**4**/////1 4/////1 3///// 1

② $2^1\ 4^4$ ② ${}^44\ {}^12$

③ $1^2\ 3^4$ ③ ${}^43\ {}^21$

④ 1////3 $1^1\ 3^3$ ④ ${}^33\ {}^11$ 3////1

⑤ $1^1\ 3^3$ ⑤ ${}^33\ {}^11$

⑥ 0 3 1////3 $1^1\ 3^3$ ⑥ ${}^33\ {}^11$ 3////1 3 0

43. BLUES PER TERZE

La scala blues maggiore per terze è composta dai rapporti fra note di: Tonica, Quarta giusta o Sottodominante, Terza minore, Quarta aumentata o Quinta diminuita, Quarta giusta o Sottodominante, Quinta giusta o dominante, Quarta aumentata o Quinta diminuita, Sesta maggiore, Quinta giusta o dominante, Ottava, Sesta maggiore e Terza minore.

Scala Blues 2 ottave maggiore per terze

[(Si = II) (Do = III) (Re = V) (Mi = VII) (Fa = VIII)]

① 1//////4 1/////**4**/////1 4//////1

② 2 4 3^{1} 4^{4} ② $^{4}4$ $^{1}3$ 4 2

③ 1^{2} 4^{3} ③ $^{3}4$ $^{2}1$

④ 1 3 2///3 1^{1} 3^{4} ④ $^{4}3$ $^{1}1$ 3///2 3 1

⑤ 1^{1} 4^{2} ⑤ $^{2}4$ $^{1}1$

1° Scala Blues 3 ottave maggiore per terze

[(Fa = I) (Sol = III) (La = V)]

① 1//////4 1/////**4**/////1 4//////1

② 2 4 3^{1} 4^{4} ② $^{4}4$ $^{1}3$ 4 2

③ 1^{2} 4^{3} ③ $^{3}4$ $^{2}1$

④ 1 3 2///3 1^{1} 3^{4} ④ $^{4}3$ $^{1}1$ 3///2 3 1

⑤ 1^{1} 4^{2} ⑤ $^{2}4$ $^{1}1$

⑥ 1/////3 1 4 3//2 1 4 2^{1} 4^{4} ⑥ $^{4}4$ $^{1}2$ 4 1 2//3 4 1 3/////1

2° Scala Blues 3 ottave maggiore per terze (Mi)*

*0 è corda vuota, 1 al III tasto

① 1//////4 1/////**4**/////1 4//////1

② 2 4 3^{1} 4^{4} ② $^{4}4$ $^{1}3$ 4 2

③ 1^{2} 4^{3} ③ $^{3}4$ $^{2}1$

④ 1 3 2///3 1^{1} 3^{4} ④ $^{4}3$ $^{1}1$ 3///2 3 1

⑤ 1^{1} 4^{2} ⑤ $^{2}4$ $^{1}1$

⑥ 0 3 1 4 3//2 1 4 2^{1} 4^{4} ⑥ $^{4}4$ $^{1}2$ 4 1 2//3 4 1 3 0

La scala blues minore per terze è composta dai rapporti fra note di: Tonica, Quarta giusta o Sottodominante, Terza minore, Quarta aumentata o Quinta diminuita, Quarta giusta o Sottodominante, Quinta giusta o dominante, Quarta aumentata o Quinta diminuita, Settima minore, Quinta giusta o dominante, Ottava, Settima minore e terza minore.

Scala Blues 2 ottave minore per terze

[(Si = II) (Do = III) (Re = V) (Mi = VII) (Fa = VIII)]

① 2////4 1/////**4**/////1 4////2

② 2 4 3^2 4^4 — ② ^{4}4 ^{2}3 4 2

③ 1^2 4^3 — ③ ^{3}4 ^{2}1

④ 1 3 2////4 1^1 4^4 — ④ ^{4}4 ^{1}1 4////2 3 1

⑤ 1^1 4^2 — ⑤ ^{2}4 ^{1}1

1° Scala Blues 3 ottave minore per terze

[(Fa = I) (Sol = III) (La = V)]

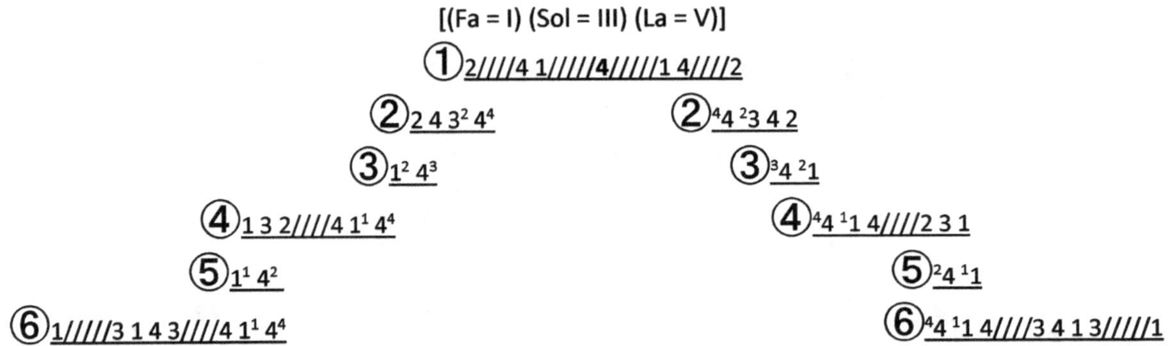

2° Scala Blues 3 ottave minore per terze (Mi)*

*0 è corda vuota, 1 al III tasto

① 2////4 1/////**4**/////1 4////2

② 2 4 3^2 4^4 — ② ^{4}4 ^{2}3 4 2

③ 1^2 4^3 — ③ ^{3}4 ^{2}1

④ 1 3 2////4 1^1 4^4 — ④ ^{4}4 ^{1}1 4////2 3 1

⑤ 1^1 4^2 — ⑤ ^{2}4 ^{1}1

⑥ 0 3 1 4 3////4 1^1 4^4 — ⑥ ^{4}4 ^{1}1 4////3 4 1 3 0

44. BOOGIE PER TERZE

La scala boogie maggiore per terze è composta dai rapporti fra le note di: Tonica, Quinta giusta o dominante, Terza maggiore, Sesta maggiore, Quinta giusta o dominante, Settima minore, Sesta maggiore, Ottava, Settima minore e Terza maggiore.

Scala Boogie 2 ottave maggiore per terze

[(Si = II) (Do = III) (Re = V) (Mi = VII) (Fa = VIII)]

① 1 4 2//////1 $_2$**2**$_2$ 1//////2 4 1

② 1^1 4^2 ② ^{2}4 ^{1}1

③ 1 4 2^4//1^4 ③ ^{4}1//^{4}2 4 1

④ 1^1 4^2 ④ ^{2}4 ^{1}1

⑤ 2^4 ⑤ ^{4}2

1° Scala Boogie 3 ottave maggiore per terze

[(Sol = III) (La = V)]

2° Scala Boogie 3 ottave maggiore per terze (Mi)*

*0 è corda vuota, 3 al IV tasto

① 1 4 2/////4 1////////**4**////////1 4/////2 4 1

② 1^1 4^2 ② ^{2}4 ^{1}1

③ 1 4 2^4//1^4 ③ ^{4}1//^{4}2 4 1

④ 4 1^1 4^2 ④ ^{2}4 ^{1}1 4

⑤ 1///2 1^3///2 ⑤ 2///^{3}1 2///1

⑥ 0^1 3^3 ⑥ ^{3}3 ^{1}0

La scala boogie minore per terze è composta dai rapporti fra le note di: Tonica, Quinta giusta o dominante, Terza minore, Sesta maggiore, Quinta giusta o dominante, Settima minore, Sesta maggiore, Ottava, Settima minore e Terza minore.

Scala Boogie 2 ottave minore per terze

[(Si = II) (Do = III) (Re = V) (Mi = VII) (Fa = VIII)]

①1///////**4**///////1

②3 1 4 3^{1} 4^{4} ②^{4}4 ^{1}3 4 1 3

③1^{4}///1 ③1///^{4}1

④3 1 4 3^{1} 4^{4} ④^{4}4 ^{1}3 4 1 3

⑤1^{3}///2 ⑤2///^{3}1

1° Scala Boogie 3 ottave minore per terze

[(Fa = I) (Sol = III) (La = V)]

①1 4 3///3 1/////4 1///////**4**///////1 4/////1 3///3 4 1

②1^{3}///2^{3} ②^{3}2///^{3}1

③3 1 4 3^{2}/3^{4} ③^{4}3/^{2}3 4 1 3

④1^{3}///2 ④2///^{3}1

⑤3 1 4 3^{1} 4^{4} ⑤^{4}4 ^{1}3 4 1 3

⑥1^{3}///2 ⑥2///^{3}1

2° Scala Boogie 3 ottave minore per terze (Mi)*

*0 è corda vuota, 2 al III tasto

①1 4 3///3 1/////4 1///////**4**///////1 4/////3 1///3 4 1

②1^{3}///2^{3} ②^{3}2///^{3}1

③1///3 2^{4} ③^{4}2 3///1

④1^{3}///2^{3} ④^{3}2 3///1

⑤1 4 3^{4} ⑤^{4}3 4 1

⑥0^{1} 2^{3} ⑥^{3}2 ^{1}0

45. BOOGIE WOOGIE MAGGIORE

Quanto precede a questo paragrafo sono le scale Boogie poste ad introduzione a quanto segue: il c.d. Boogie Woogie. Il **boogie-woogie** è uno stile musicale blues per pianoforte, chitarra e basso.

È caratterizzato da un accompagnamento di basso, il cosiddetto basso ostinato e qualche volta è denominato **eight to the bar** (**eight** sta per la suddivisione della battuta in otto note del basso). Le due forme di basso più suonate sono il rolling bass e il walking bass. Qui di seguito sono proposti cinque andamenti di un Blues in Mi maggiore. Sulla base dello studio delle scale è possibile costruire andamenti in altre tonalità. Per il giro da seguire vedi paragrafo 20, pag. 47 sul "Giro Armonico Blues".

Mi	La	Si	n°
⑤13431 ⑥03 ⑥3	④13431 ⑤03 ⑤3	③121 ④14 ④41 ⑤2	**Boogie 1**
⑤14313 ⑥003	④14313 ⑤003	③21 ③1 ④14 ④4 ⑤22	**Boogie 2**
⑤1343131 ⑥03 ⑥3	④1343131 ⑤03 ⑤3	③121 ③1 ④14 ④4 1 ⑤2	**Boogie 3**
⑤143131 ⑥003	④143131 ⑤003	③21 ③1 ④14 ④4 ⑤22	**Boogie 4**
⑤1431 ⑤1 ⑥03 ⑥3	④1431 ④1 ⑤03 ⑤3	③21 ④14 ④414 ⑤2	**Boogie 5**

46. BOOGIE WOOGIE MINORE

Qui di seguito sono proposti cinque andamenti di un Blues in Mi minore. Sulla base dello studio delle scale è possibile costruire andamenti in altre tonalità. Per il giro da seguire vedi paragrafo 18, pag. 43 sul "Giro Armonico Blues".

Mi-	La-	Si-	n°
⑤1 3 4 3 1 ⑥0 2 ⑥2	④1 3 4 3 1 ⑤0 2 ⑤2	③1 2 1 ④0 4 ④0 1 ⑤2	**Boogie 6**
⑤1 4 3 1 3 ⑥0 0 2	④1 4 3 1 3 ⑤0 0 2	③2 1 ③1 ④0 4 ④0 ⑤2 2	**Boogie 7**
⑤1 3 4 3 1 3 1 ⑥0 2 ⑥2	④1 3 4 3 1 3 1 ⑤0 2 ⑤2	③1 2 1 ③ 1 ④0 4 ④0 1 ⑤2	**Boogie 8**
⑤1 4 3 1 3 1 ⑥0 0 2	④1 4 3 1 3 1 ⑤0 0 2	③2 1 ③ 1 ④0 4 ④4 ⑤2 2	**Boogie 9**
⑤1 4 3 1 ⑤1 ⑥0 2 ⑥2	④1 4 3 1 ④1 ⑤0 2 ⑤2	③2 1 ④0 4 ④0 1 0 ⑤2	**Boogie 10**

47. LEGATURA

"Le legature rappresentano una particolare caratteristica nella tecnica della chitarra, tramite la pressione o lo strappo con le dita della mano sinistra . Il loro impiego, già conosciuto nel Rinascimento, fu introdotto soprattutto a partire dall'epoca barocca, per passare in seguito nello stile classico e poi nella musica d'oggi. Mediante le legature si ottiene un fraseggio più morbido, una maggiore disinvoltura nei passaggi virtuosistici e una spontanea esecuzione nei vari tipi di abbellimenti." – Ruggero Chiesa

Abbiamo due tipi di legature: ascendente e discendente. Nella musica moderna si utilizza chiamarle con nomi differenti, quali: L'**hammer-on** (o "legato ascendente") e **Hammer-off** (o "legato discendente"). L'**hammer-on** (o "legato ascendente") è una tecnica chitarristica che permette di passare da una nota più bassa ad una più alta (solitamente della stessa corda) senza l'utilizzo della mano destra (si tratta di pizzicato a dita o tocco plettrato), ma premendo con il dito della mano sinistra sul tasto corrispondente. Abbiamo così una prima nota suonata mediante la mano destra e la successiva legata alla precedente con l'aiuto della mano sinistra; questa tecnica è spesso seguita dal pull-off. Il ***pull-off*** o **Hammer-off** (legato discendente) consiste in una tecnica chitarristica che ci permette di passare da una nota più alta ad una più bassa (della stessa corda) senza l'ausilio del plettro per farla suonare ma strappando o tirando letteralmente la corda verso il basso. Per cui suoniamo la prima nota premendo già con l'indice la nota successiva più bassa e poi strappiamo col dito la nota che abbiamo suonato nel modo descritto sopra. Con un po' di pratica questa tecnica permette di acquistare velocità sul manico. Considerando come nelle scale il dito indice col numero uno, il medio con il due, l'anulare con il tre ed il mignolo con il quattro, un ottimo esercizio per legatura ascendente, ovviamente pizzicando per la prima nota e legando per la seconda, può seguire i seguenti esempi:

1 2 1 3 1 4 2 3 2 4 3 4

L'esercizio, per simmetria, adatto al legato discendente o Hammer-off (o Pull-off) è:

2 1 3 2 4 3 3 1 4 1 4 2

Il legato può interessare anche tre note, e non solo due, così come nell'esempio:

121 131 141 232 242 343

Per simmetria, adatto al legato per tre note discendente o Hammer-off (o Pull-off) è:

414 424 434 313 323 212

48. TRASLATO

Il **traslato,** chiamato anche più comunemente (ma non correttamente) "slide", è un effetto di variazione musicale della nota. Ha lo stesso scopo del "Legato" già analizzato nella pagina precedente, cioè quello di eseguire due note (o anche più) pizzicandone una sola (con la mano sinistra o col plettro). Il lavoro della mano destra non è quello di strappare o percuotere la corda nel tasto desiderato, ma è quello di scivolare sulla corda, fino al raggiungimento di esso. Bisogna fare una *summa divisio* per comprendere i quattro generi di traslato (o slide): innanzitutto vi è il traslato acendente, ed il traslato discendente; ognuno dei quali però si divide in legato e slide.

Traslato legato ascendente

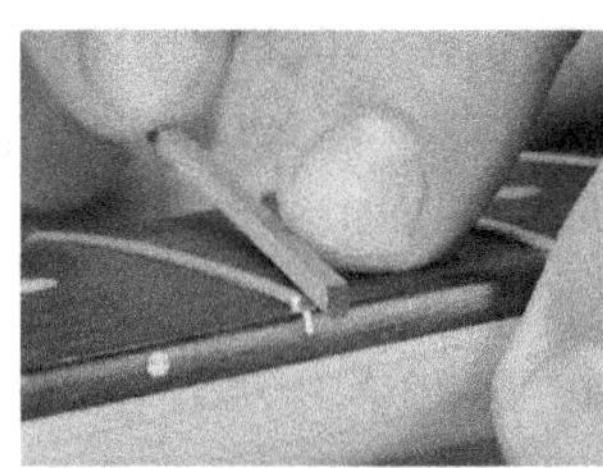

Si produce suonando una nota nel suo tasto, e poi scivolando (senza più pizzicare) verso l'alto (toni acuti), fino al raggiungimento del tasto desiderato: l'effetto è di un legato, ma in più si aggiunge il suono dell'aumentare progressivo della nota, dato dallo scivolare del dito sulla tastiera. Il simbolo nella tablatura è un semplice slide (/) preceduto da note (numeri), invece nella diteggiatura sono tanti slide quanti fret devono essere superati (p. Es.: 13//134)

Traslato legato discendente

Si produce suonando una nota nel suo tasto, e poi scivolando (senza più pizzicare) verso il basso (toni bassi), fino al raggiungimento del tasto desiderato. Valgono le stesse regole che per il traslato legato ascendente.

Traslato slide ascendente

Si produce pizzicando una corda scivolando (senza più pizzicare) verso l'alto (toni acuti), fino al raggiungimento del tasto desiderato. L'effetto è una nota che "cresce" (mentre in effetti è la frequenza a crescere). Del traslato legato resta solo lo scivolamento in quanto non vi è una nota iniziale di partenza. Il simbolo nella tablatura e nella diteggiatura è il medesimo: un semplice slide (/) non preceduto da note (numeri).

Traslato slide discendente

Si produce pizzicando una corda scivolando (senza più pizzicare) verso il basso (toni bassi), fino al raggiungimento del tasto desiderato. Valgono le stesse regole dello slide ascendente

49. VIBRATO

Il **vibrato** è un effetto musicale che consiste nella variazione periodica dell'altezza di una nota riprodotta (più precisamente si tratta di una modulazione di frequenza).

Il vibrato fornisce un particolare significato al sostenuto/tenuto, rendendolo gradevole all'orecchio, laddove una singola nota tenuta in modo statico risulterebbe fastidiosa. In questo manuale analizzeremo due tipologie di vibrato: vibrato orizzontale e vibrato verticale.

Vibrato orizzontale

Il vibrato orizzontale consiste nel vibrato così com'è conosciuto nella musica classica, in cui, avendo una saldissima stabilità del polso data dalla fermezza del pollice, si produce una variazione della frequenza con il semplice spostamento (che consiste in uno stirare e conseguente allentare) della corda nello stesso verso della tastiera, giù e su, in modo veloce e ripetuto. Questo vibrato c.d. orizzontale è utilizzato fortemente nella musica classica, pertanto su chitarre classiche, tecnica che però rende poco su una chitarra elettrica, ma è comunque rilevante in una chitarra acustica.

Vibrato verticale

Il vibrato verticale, a differenza di quello c.d. orizzontale, trova il suo miglior strumento d'applicazione nella chitarra elettrica in assoluto. La morbidezza delle corde, la quale permette anche la piegatura della corda c.d. "Bending" per salire e scendere di semitoni o toni, permette un vibrato il quale segue il verso dei tasti della tastiera, quindi su è giù per il tasto. Il dito può essere aiutato, nella piegatura alternata della corda da una lieve rotazione della mano che utilizza come fulcro (cerchiato nell'immagine) la parte inferiore della tastiera, conseguendo così una variazione di frequenza di gran lunga superiore rispetto a quella del vibrato orizzontale. Questa tecnica difficoltosamente può essere applicata a strumenti quali la chitarra classica, data la consistenza delle corde di nylon, pertanto il discorso è opposto a quello del vibrato orizzontale. La chitarra acustica sopporta meglio della classica il vibrato verticale.

50. ACCORDATURA APERTA

L'accordatura aperta è differente dalla semplice accordatura standard delle chitarre. Noi sappiamo che una accordatura standard segue lo schema dalle corda cantine alle gravi di: MI SI SOL RE LA MI. L'accordatura aperta comporta l'esecuzione di un accordo suonando la chitarra a vuoto, senza comporre nessuna posizione con la mano sinistra per un accordo determinato. Il che comporta che la costruzione sulla tastiera degli accordi è completamente differente rispetto ad una accordatura standard. Qui riportato c'è un esempio di accordatura aperta: quella di Mi- secondo lo schema delle corde in: MI SI SOL MI SI MI che in questo modo costituisce l'accordo di Mi minore.

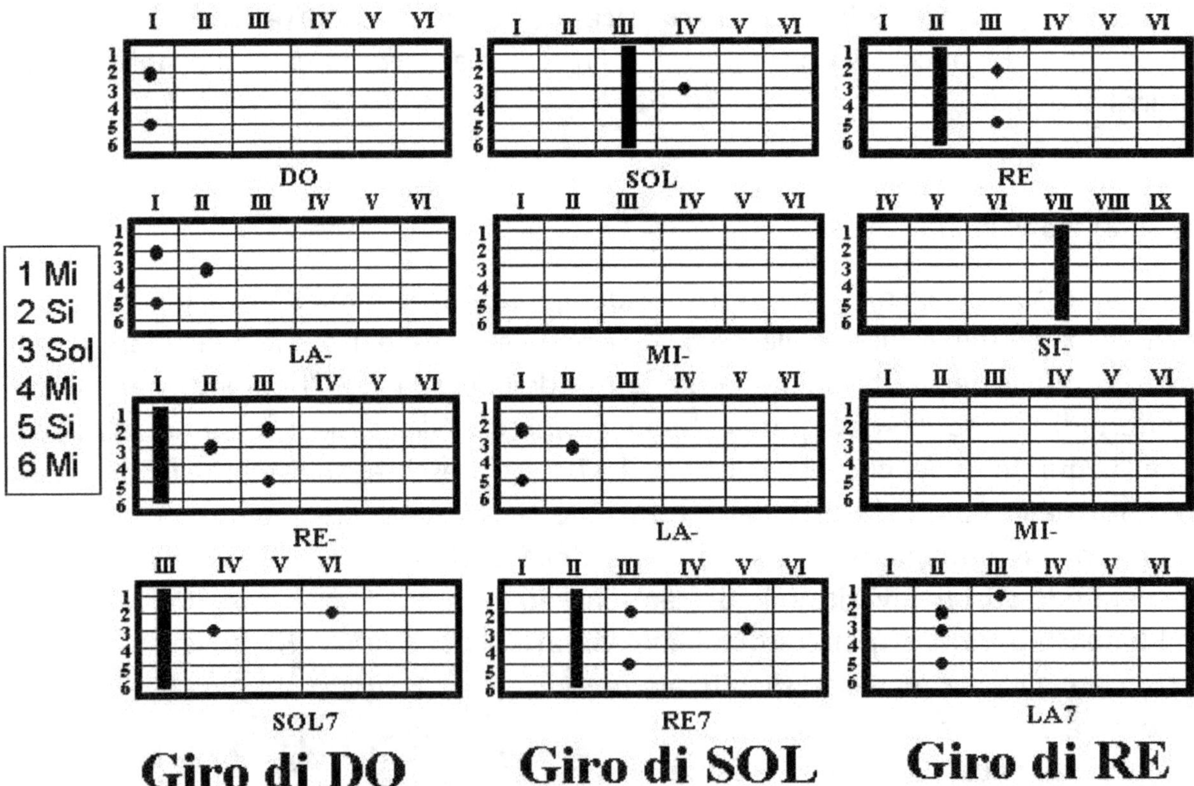

Giri armonici con accordatura aperta di Mi -

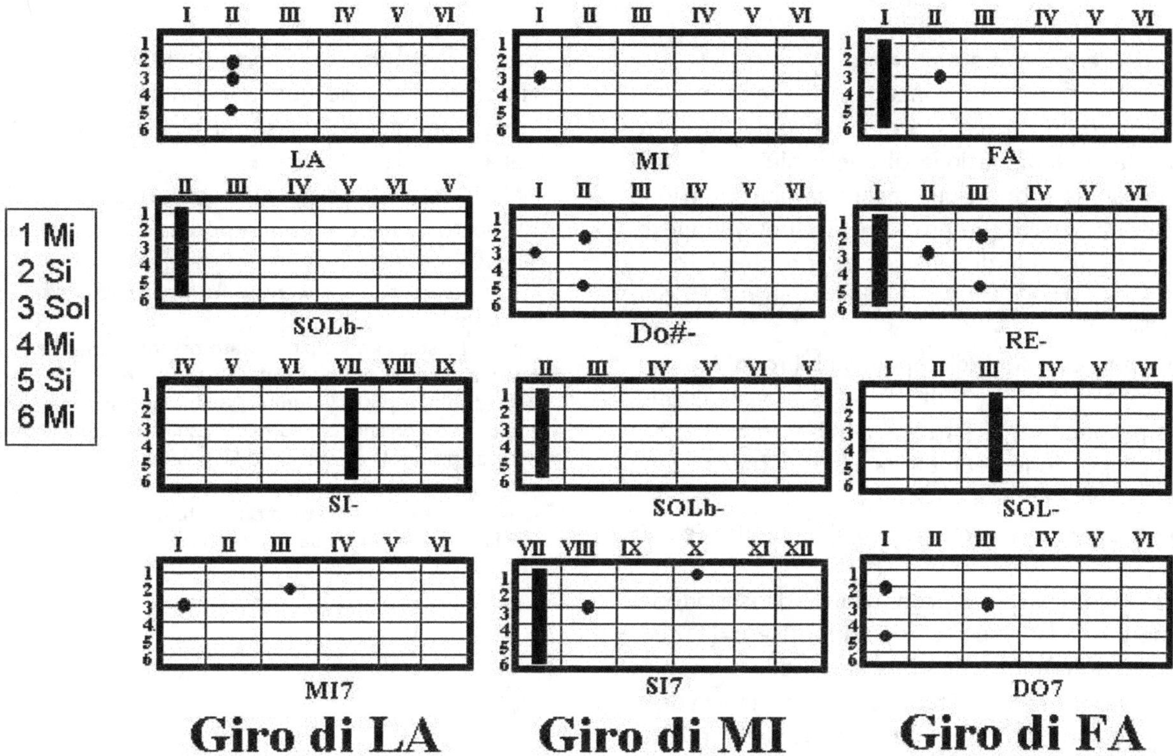

Ovviamente l'accordatura aperta può essere fatta quindi con qualsiasi accordo, e nel caso di accordature aperte maggiori, si sale di tonalità con un semplice barrè, o barrè fisso come quello nell'immagine.

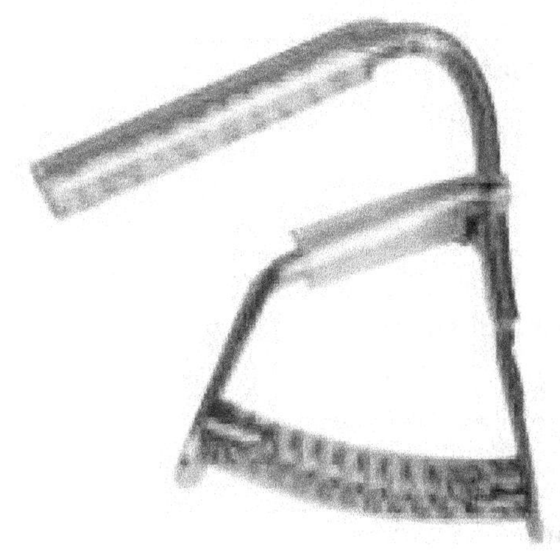

51. LA PROPORZIONE DELLE NOTE DELLE CORDE

Premesse matematiche

In greco il concetto di relazione si esprimeva in termini matematici come rapporto a:b. Dalla combinazione di due o più relazioni si originava la proporzione, espressa dall'equazione generale a:b=c:d (proporzione disgiunta), oppure, nel caso in cui le due grandezze intermedie b e c fossero state uguali, a:b=b:c (proporzione continua).

Pitagora e i suoi discepoli stabilirono tre tipi principali di proporzione:

- la proporzione aritmetica c-b=b-a (es: 1, 2, 3),;
- la proporzione geometrica a/b=b/c (p. es.: 1, 2, 4),;
- la proporzione armonica (b-a)/a=(c-b)/c (es: 2, 3, 6),.

A queste tre proporzioni corrispondono, rispettivamente, la media aritmetica b=(a+c)/2, la media geometrica b=÷ac, e la media armonica b=2ac/(a+c). Questa interpretazione trovava delle incoraggianti conferme nello studio della musica; infatti considerando i due toni che definiscono l'intervallo di ottava (do grave e do acuto) come termini estremi a e c di una proporzione, risulta che, essendo essi in rapporto di 1/2, la loro media aritmetica è b = (2+1)/2 = 3/2 mentre la loro media armonica è b = 2(2¥ 1)/(2+1) = 4/3. L'intervallo di quinta è quindi la media aritmetica tra due toni distanti di un'ottava, mentre quello di quarta ne è la media armonica. Quanto alla proporzione geometrica, essa mette in relazione le due medie, essendo 2 : 4/3 = 3/2 : 1.

Premesse fisiche

E' bene sottolineare quali sono le premesse fisiche per cui si passa dalla produzione di suoni alla rete di numeri interi.

La prima osservazione è che a ciascuna nota corrisponde una determinata frequenza proporzionata alla sua altezza;se andiamo a misurare l' intervallo, ossia la distanza fra due note, calcolando il rapporto fra le loro frequenze, ci accorgiamo che questo rapporto è sempre lo stesso per coppie di suoni alla stessa distanza nella scala musicale. All'intervallo di ottava corrisponde ad esempio il rapporto 2, alla quinta il rapporto 3/2 e così via.

Rapporti tra intervalli e frequenze nella scala musicale.

Lo stesso principio è stato osservato da Pitagora, il quale si rese conto che facendo vibrare una corda tesa tra due estremi è possibile udire assieme ad essa una serie di suoni (le armoniche) che formano con la nota fondamentale accordi piacevoli all'orecchio. E' possibile ricercare questi suoni intercettando la corda in diversi punti lungo la sua lunghezza: se la intercettiamo a metà otteniamo l'ottava, a 2/3 la quinta, a 3/4 la quarta e così via)

Intervallo	*Rapporto delle frequenze*	*Numero massimo che figura nel rapporto*
Unisono	$\frac{1}{1}$	1
Ottava	$\frac{2}{1}$	2
Quinta	$\frac{3}{2}$	3
Quarta	$\frac{4}{3}$	4
Terza maggiore	$\frac{5}{4}$	5
Sesta minore	$\frac{5}{3}$	5
Terza minore	$\frac{6}{5}$	6
Sesta maggiore	$\frac{8}{5}$	8
Seconda	$\frac{9}{8}$	9

52. TEMPERAMENTO

L'intervallo tra Do1 e Do2 (raddoppio della frequenza), viene detto intervallo di ottava. Si noti che la parola intervallo relativo alle altezze dei suoni, si riferisce al rapporto tra le frequenze, non alla loro differenza. Da queste si possono dedurre le frequenze da assegnare a tutte le note della scale di Do: il metodo adottato, che viene detto temperamento, ha importanti conseguenze per la costruzione degli strumenti musicali a intonazione fissa (come il pianoforte) e anche per i metodi di composizione musicale stessi.

N°	Nome Intervallo	Intervallo naturale	**Temperamento equabile**	**Temperamento naturale**	**Temperamento pitagorico**	**Temperamento mesotonico**
0	Unisono	1:1	0	0	0	0
1	Seconda minore	16:15	100	112	90	117
2	Seconda maggiore	9:8	200	204	204	193
3	Terza minore	6:5	300	316	294	310
4	Terza maggiore	5:4	400	386	408	386
5	Quarta giusta	4:3	500	498	498	503
6	Quarta aumentata Quinta diminuita	45:32 64:45	Tritono 600	590 610	612	579 621
7	Quinta giusta	3:2	700	702	702	697 Quinta del lupo: 737
8	Sesta minore	8:5	800	814	792	814
9	Sesta maggiore	5:3	900	884	906	889
10	Settima minore	9:5	1000	1018	996	1007
11	Settima maggiore	15:8	1100	1088	1110	1083
12	Ottava	2:1	1200	1200	1200	1200

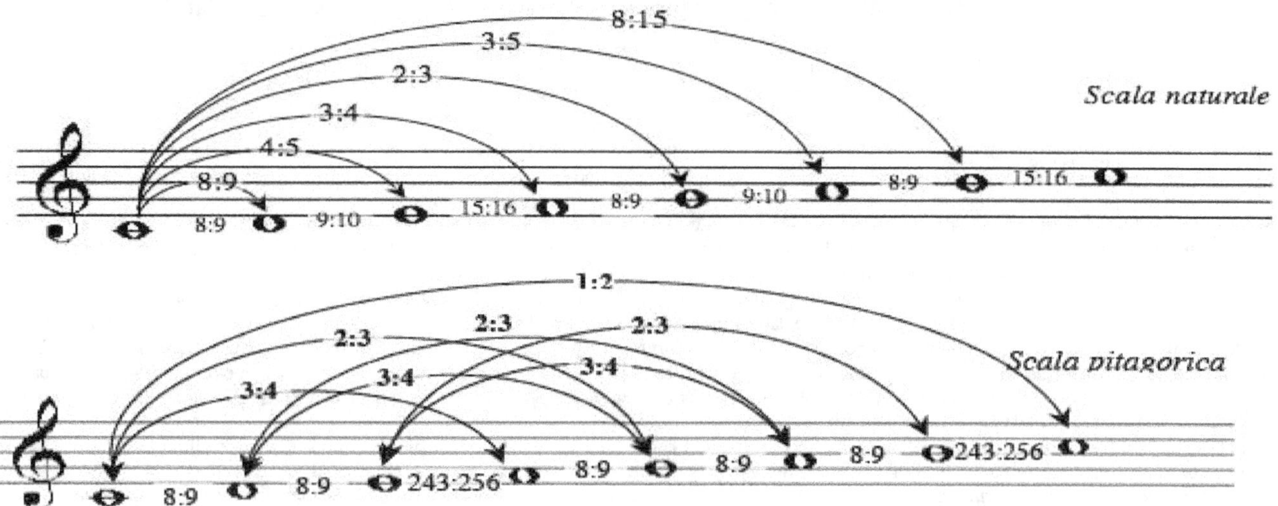

53. ACCORDATURA DELLA CHITARRA

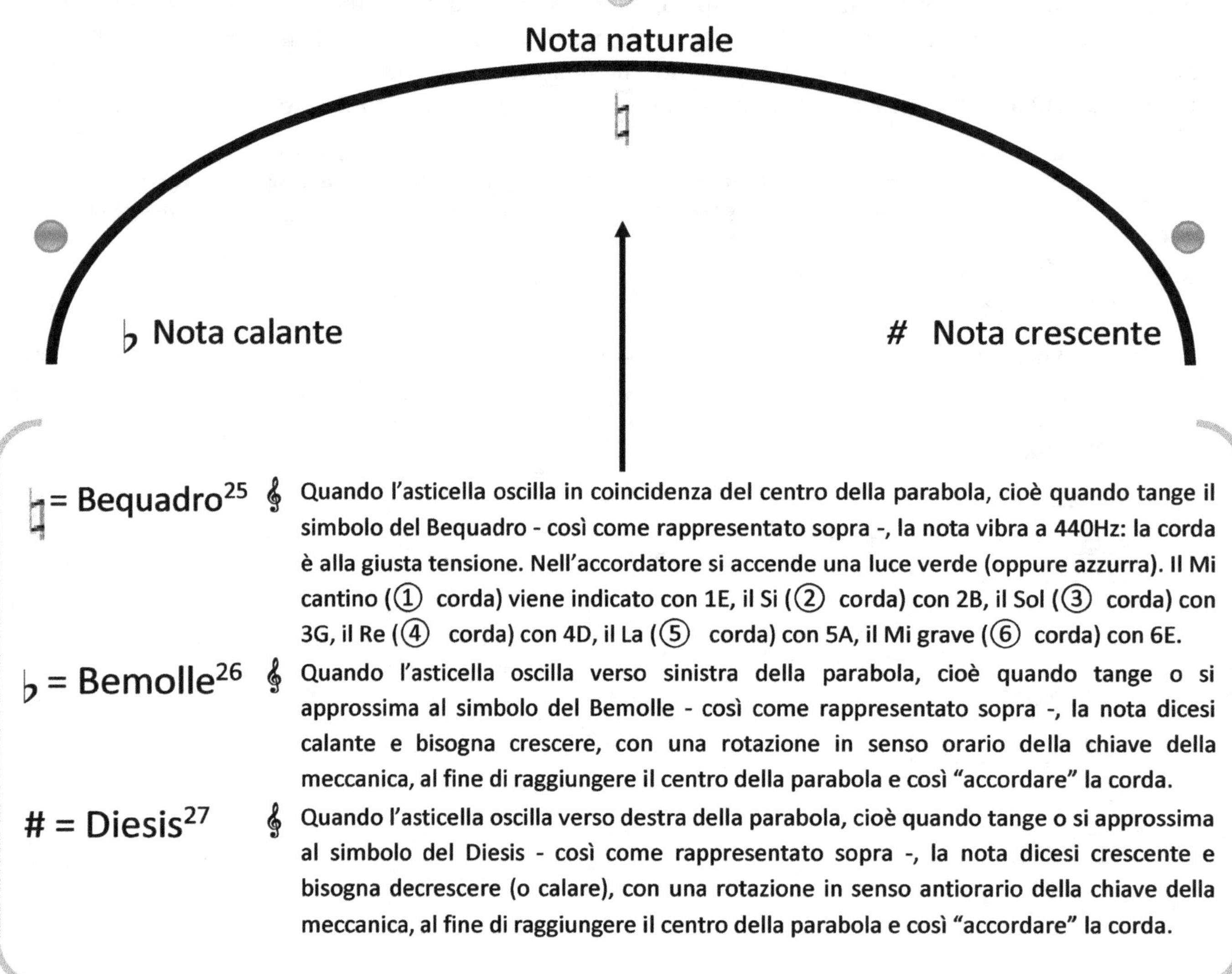

♮ = Bequadro[25] 𝄞 Quando l'asticella oscilla in coincidenza del centro della parabola, cioè quando tange il simbolo del Bequadro - così come rappresentato sopra -, la nota vibra a 440Hz: la corda è alla giusta tensione. Nell'accordatore si accende una luce verde (oppure azzurra). Il Mi cantino (① corda) viene indicato con 1E, il Si (② corda) con 2B, il Sol (③ corda) con 3G, il Re (④ corda) con 4D, il La (⑤ corda) con 5A, il Mi grave (⑥ corda) con 6E.

♭ = Bemolle[26] 𝄞 Quando l'asticella oscilla verso sinistra della parabola, cioè quando tange o si approssima al simbolo del Bemolle - così come rappresentato sopra -, la nota dicesi calante e bisogna crescere, con una rotazione in senso orario della chiave della meccanica, al fine di raggiungere il centro della parabola e così "accordare" la corda.

= Diesis[27] 𝄞 Quando l'asticella oscilla verso destra della parabola, cioè quando tange o si approssima al simbolo del Diesis - così come rappresentato sopra -, la nota dicesi crescente e bisogna decrescere (o calare), con una rotazione in senso antiorario della chiave della meccanica, al fine di raggiungere il centro della parabola e così "accordare" la corda.

---

[25] Nella notazione musicale, **bequadro** (detto anche **biquadro**) è il simbolo che indica l'annullamento dell'effetto di un'alterazione (diesis o bemolle) precedentemente indicata. Viene indicato con ♮. Il termine deriva dalla lettera B (un tempo indicante il Si) e dall'aggettivo "quadro", ossia "duro", con significato opposto a "B molle". termini di etimo analogo si usano nelle altre lingue, anche se parole con significato di "naturale" o "segno di cancellazione/di soluzione" si sono affermate in inglese, tedesco e parzialmente anche nelle altre lingue.

[26] Nella notazione musicale, **bemolle** è il simbolo che indica che la nota a cui si riferisce va abbassata di un semitono, ed il suo simbolo è ♭.
Il termine deriva dalla dicitura *"b - molle"*. Nella musica antica, la lettera **b** stava ad indicare il si, che, nel canto gregoriano, era l'unica nota che poteva essere alterata (e diventare si bemolle). Sul significato dell'aggettivo "molle" esistono due ipotesi, ognuna delle quali ha probabilmente la sua parte di verità: nelle partiture antiche, la "b" che indicava il si veniva raffigurata con la pancia arrotondata (*"molle"*) quando si voleva indicare il si bemolle e con la pancia squadrata (da cui il termine bequadro) in caso contrario; l'aggettivo "molle" era associato ad un suono più grave, ovvero a quel suono che, se eseguito da uno strumento a corde, prevede che la corda stessa sia meno tesa (più **molle**, appunto).

[27] Nella notazione musicale, **diesis** (anche detto **diesi**) è il simbolo che indica che la nota a cui si riferisce va alzata di un semitono, ed il suo simbolo è ♯ (da non confondersi con quello del cancelletto, #). Il termine italiano deriva dal greco *diesis* che significa intervallo. In altre lingue ci si riferisce a questo segno con termini analoghi a "croce" o "nota sostenuta, spinta verso l'alto". Esiste anche il doppio diesis (##, oppure 𝄪) che indica un incremento di frequenza della nota pari ad un tono. I diesis possono essere scritti immediatamente dopo la chiave musicale, secondo un ordine prestabilito (fa, do, sol, re, la, mi, si). In questo caso si chiamano alterazioni fisse (o *in chiave*) e valgono per tutte le note con quel nome per l'intera durata del brano (escluse le note con bequadro, un simbolo che rimuove l'alterazione, facendo quindi tornare naturale la nota). Il numero dei diesis in chiave determina la tonalità del brano: da nessuna alterazione (do maggiore) a sette (do diesis maggiore). Occorre un'analisi più attenta del brano per determinare se esso è scritto in modo maggiore o nel relativo minore.

54. I GRADI E LE SFUMATURE DELL'ACCORDO

(A cura di Maurizio Codogno da www.xmau.com)

Do,C,Do+

Iniziamo con l'accordo fondamentale, che è quello **maggiore**. Lo si trova praticamente ovunque: credo sia impossibile trovare una canzone che non ne abbia nemmeno uno. (No, non è vero. *Mondo in Mi7* di Celentano e *Dio mio no* di Battisti hanno solo l'accordo di mi7) L'accordo maggiore è formato a partire dalla sua nota di base aggiungendo una terza maggiore, e sopra quest'ultima una terza minore: dunque una quinta sopra la nota fondamentale. Contando in semitoni, abbiamo un "+4" seguito da un "+3"; l'accordo di do maggiore è pertanto composto da do, mi e sol. Il suo suono è al nostro orecchio "positivo".

Dom,Cm,Do-

Il contraltare dell'accordo precedente: l'accordo **minore**. Anche se non è onnipresente come il precedente, esso è comunque usatissimo, e non si può sperare di evitare di impararlo. La sua costruzione è alla rovescia dell'accordo maggiore: si parte con una terza minore, e ci si aggiunge sopra una terza maggiore, ottenendo lo stesso una quinta giusta. In semitoni, troviamo un "+3" seguito da un "+4"; l'accordo di do minore è costituito da do, mib e sol. Il suo suono risulta in un certo senso melanconico.

Do7,C7

Dopo gli accordi principali, passiamo alla prima variante, vale a dire l'accordo di **settima**. Se uno volesse essere pignolo, dovrebbe parlare di accordo di settima *minore*: infatti, esso si costruisce aggiungendo una settima minore alle note che formano il corrispondente accordo maggiore. In semitoni, abbiamo i salti "+4", "+3", "+3"; come note, do, mi, sol e sib. Perché, ti sei forse chiesto, l'accordo di settima più "naturale" utilizza la settima minore e non quella maggiore? Probabilmente perché è quella che dà il suono meno dissonante. Anzi, molti non lo considerano per nulla dissonante! L'accordo viene molto usato sul quinto grado, insomma un sol7 quando siamo in do; in questo caso, si può spesso tralasciare la settima se non ci si sente sicuri: lo stesso vale per gli accordi sul secondo, terzo e sesto grado (re, mi e la). Resta invece più difficile evitare di usarlo quando è costruito sul primo grado, oppure sul quarto (do e fa rispettivamente). In questo caso, infatti, serve per dare al suono uno stile più blueseggiante.

Do7+,Cmaj7

Eccoci al primo accordo dove la notazione italiana e quella inglese divergono. Anche in questo caso si aggiunge all'accordo maggiore la nota sul settimo grado, ma questa volta si parla di accordo di **settima maggiore**, almeno in teoria... in pratica, si sente dire "settima più". E' facile immaginare che in questo caso i salti saranno nell'ordine "+4", "+3", "+4" semitoni, e che le note che compongono l'accordo di do7+ sono do, mi, sol, si. Questo è anche il primo accordo per cui occorre fare attenzione a come si scelgono le note che lo compongono. Il si e il do distano infatti un semitono, e suonare due note così vicine è da evitare, perché l'effetto è piuttosto dissonante. Molto meglio lasciare undici semitoni di distanza. Il suono di questo accordo è in un certo senso "romantico": la dissonanza dà come un senso di attesa. Spesso si può sostituirlo senza eccessive perdite con il corrispondente accordo maggiore, oppure con l'accordo minore costruito sulla terza maggiore - invece che do7+, insomma, si può suonare un mi minore. Naturalmente questo non sarà possibile se l'armonia è costruita su un passaggio cromatico: pensa ad esempio a *Something* di George Harrison, dove la successione iniziale di accordi è do, do7+, do7, fa.

Dom7,Cm7

Ancora un accordo minore con aggiunta una nota che forma un intervallo di settima con quella di base.

Come qualcuno forse ha intuito, nell'accordo **minore settima** anche l'intervallo aggiunto è di settima minore. In teoria potremmo avere un "dom7+", ma è così cacofonico che non mi pare di averlo mai visto. I salti tra le varie note sono nell'ordine "+3", "+4", "+3" semitoni; le note che compongono l'accordo di do minore settima sono do, mib, sol e sib. Il suono di questo accordo è molto armonico, anche perché nasconde tra le sue pieghe un accordo maggiore: si può comunque tralasciare la settima nel caso ci si trovi in difficoltà.

Do6,C6,

L'accordo di **sesta** usa rigorosamente una sesta maggiore in aggiunta alle note che compongono l'accordo maggiore corrispondente. In pratica, i salti che si trovano sono "+4", "+3", "+2" semitoni; generalmente avere due note a distanza di solo due semitoni non è il massimo dell'armonia, ma in questo caso funziona bene, immagino per una questione di armonici. Le note che compongono l'accordo di do6 sono do, mi, sol, la. Ricordano nulla? No? Magari ti può venire qualche idea se ti scrivo le note che compongono l'accordo di dom7: esse sono mib, sol, sib e do. Prova a tornare su all'accordo precedente: l'ordine è diverso, ma sono sempre le stesse! In effetti, gli accordi di dom7 e di mib6 sono agli effetti pratici identici, anche se un musicista non ne scriverebbe mai uno al posto dell'altro: un po' come le parole che vogliono "qu" oppure "cu". La differenza pratica può vedersi nella nota più bassa suonata, o nell'armonia del brano: il suono è lo stesso, ma per semplificare qui si evita di suonare la sesta.

Dom6,Cm6

Anche l'equivalente minore dell'accordo precedente, detto **minore sesta**, richiede l'aggiunta della nota che sta una sesta maggiore sopra la fondamentale: i problemi sono sempre quelli di dissonanza. I salti sono questa volta "+3", "+4", "+2", e le note che compongono l'accordo di dom6 sono do, mib, sol e la. Questo accordo non è usatissimo: in un brano in do maggiore si può trovare al più un fam6. In compenso, il suo suono è molto peculiare, e sembra implorare di essere seguito da un do maggiore per terminare il brano, o almeno una sua sezione. Purtroppo spesso è un po' ostico da suonare alla chitarra; se proprio non ci riesci, accontentati di un semplice do minore.

Doaum,C+

Finora abbiamo visto solamente accordi che erano costruiti a partire da quello maggiore o minore aggiungendo una nota. Questo accordo, chiamato **aumentato**, fa invece parte di una categoria diversa insieme con il successivo: le note vengono *modificate*. Nell'accordo aumentato abbiamo infatti oltre alla fondamentale e alla terza maggiore una quinta aumentata. Ricordi che avevo detto che la sesta minore non veniva usata, perché troppo vicina di suono alla quinta? Ecco la soluzione per usare in pratica quel suono. Le note corrispondenti all'accordo di do aumentato sono insomma do, mi e sol#, mentre i salti relativi sono pertanto di "+4","+4" semitoni. Se ci pensi un attimo, con un altro salto uguale ritorniamo a un do. Ciò significa che di accordi aumentati in realtà ce ne sono solamente quattro: non v'è alcuna differenza tra un do aumentato, un mi aumentato e un sol# aumentato. Il suono corrispondente all'accordo è piuttosto dissonante: a dare questa impressione non sono tanto gli intervalli in sé, quanto gli armonici che vanno ciascuno per conto suo. Purtroppo il suo uso, pur non essendo comune, è abbastanza insostituibile, visto che in genere sta all'interno di una successione cromatica do - do aum - do6, e la successione la si vuole sentire. Puoi provare a lasciare il semplice accordo maggiore corrispondente, ma non lamentarti. Un'ultima noticina: la notazione inglese può confonderci, con quel "+" che per noi significa "maggiore" e per loro "aumentato".

Dodim,C°

Il contraltare dell'accordo aumentato è quello **diminuito**. Confesso immediatamente che da qui in poi comincio a barare spudoratamente: accorperò spesso nella stessa voce due accordi che nella realtà sono diversi. L'accordo diminuito vero e proprio è composto da tre sole note: la fondamentale unita alla terza minore e alla quinta diminuita. Le note dell'accordo di do diminuito sono dunque do, mib e solb (leggi fa#, se ti torna più comodo), e i salti corrispondenti "+3" e "+3" semitoni. In pratica, però, questo accordo risulta molto ostico da suonare alla chitarra. Quindi nella musica pop si suppone sempre di usare l'accordo **di settima diminuita**, dove viene aggiunta per l'appunto una quarta nota che ha intervallo di settima diminuita (hai ragione, non l'ho messo nello schema! leggi sesta maggiore) rispetto alla fondamentale. Ricapitolando, le note che compongono l'accordo di do settima diminuita sono do, mib, fa# e la, e i salti sono di "+3", "+3", "+3" semitoni. Anche in questo caso puoi notare che con un altro salto di "+3" ritorniamo alla fondamentale: insomma, di accordi di settima diminuita ce ne sono solamente tre. Risparmiamo sul numero di accordi da ricordare. In compenso, questo è un accordo insostituibile, nel senso che è difficile metterne un'altro al suo posto. A volte può capitare: in effetti c'è solo una nota diversa per un semplice semitono tra un do7dim e un si7 (o un re7, o un fa7, o un lab7. Il bello dell'uniformità dell'accordo). E ad esempio se stiamo suonando *Sono solo canzonette* in do, il terzo accordo sarebbe un mi7dim, ma anche un la7 è accettabile. Il guaio è che non sempre questo è possibile, e comunque bisogna capire quale dei quattro accordi di settima è quello adatto... Il suono dell'accordo, come forse è ormai chiaro, è dissonante in maniera "bella", come un tocco di attesa. Può essere interessante scoprire che il primo compositore a sdoganarlo è stato il Sommo, Johann Sebastian Bach.

Do4,Csus

Ecco l'accordo principale di un gruppetto che gli inglesi chiamano "suspended", sospesi, da cui il "sus" che si trova nei nomi internazionali. Questa sospensione è in pratica una nota che ne *sostituisce* un'altra: una variante che non avevamo ancora trovato nella nostra trattazione. Nell'accordo **di quarta** gli inglesi non fanno neppure la fatica di indicare quali sono la nota da sostituire e quella con cui viene sostituita: è per loro ovvio che al posto della terza maggiore viene usata la quarta (giusta), e questa brama di "tornare al suo posto" (la terza, appunto). In do maggiore l'accordo di quarta è pertanto composto da do, fa e sol, con salti di "+5" e "+2" semitoni. Una differenza abbastanza curiosa tra i due salti, ma come detto questo accordo viene sempre visto come un passaggio quasi melodico. Quando viene usato l'accordo di quarta? Generalmente se ne sta vicino al suo corrispondente maggiore: se siamo in tonalità di do maggiore, possiamo vedere la successione do - do4 - do oppure sol - sol4 -sol. Saltarlo risulta pertanto sempre possibile: basta poi non lamentarsi della piattezza dell'armonia.

Do4/7,C7sus

Questa variante dell'accordo precedente, denominata **accordo di quarta e settima**, è un vero ibrido. Infatti sostituisce la terza con la quarta, e inoltre aggiunge una settima minore, ricavando così un suono parecchio dissonante. Le note che compongono l'accordo di do 4/7 sono do, fa, sol e sib; i salti corrispondenti sono "+5", "+2", "+3". Può essere interessante fare notare che nella teoria musicale "classica" le distanze tra le ultime tre note sono considerate tra le più naturali in un contesto *melodico*, non armonico come in questo caso. Questo accordo è molto usato nell'ambito pop/rock, ed è quasi sempre visto come un passaggio per ritornare sulla tonalità iniziale. In do maggiore avremo così la successione sol4/7 - sol7 - do; la funzione di passaggio della quarta spicca perfettamente in questo contesto. Si può naturalmente evitare di suonarlo, e usare al suo posto un semplice accordo di settima: per una volta, l'effetto non è poi così rovinoso, il che sarà un sollievo per il chitarrista alle prime armi.

Do2,Do9,Cadd9

Ecco un altro caso in cui baro spudoratamente, riunendo sotto un'unica voce due accordi ben distinti. E peggio ancora, il prossimo accordo trattato confonderà ancora di più le cose... In questo caso spero mi si possa perdonare, perché nella notazione italiana manca la distinzione che si trova in inglese. L'accordo **di nona** contiene una nona maggiore: e fino a qui sono tutti d'accordo. Ma sulle altre note che compongono l'accordo c'è maretta. Guardando alla notazione inglese, la scritta "Cadd9" ha un significato chiaro: all'accordo di do maggiore si aggiunge una nota ulteriore, il re. L'accordo completo è così formato da do, mi, sol e re (all'ottava sopra, ad essere pignoli), e ha come salti corrispondenti "+4", "+3", "+7" semitoni. Ma la forma "Csus2" ci fa subito capire di avere un accordo sospeso, dove al posto della terza ci troviamo la seconda maggiore. Sempre un re, è vero, ma adesso l'accordo rimane composto da do, re e sol, con salti corrispondenti "+2", "+5" semitoni. Per completare la confusione, al pianoforte in genere l'accordo di do9 è suonato tutto nella stessa ottava: do, re, mi, sol con salti "+2", "+2", "+3" semitoni. Chiaro, no? Anche l'uso dell'accordo di nona è duplice. Può essere un semplice abbellimento intorno al corrispondente accordo maggiore, e in questo caso lo si può tranquillamente sostituire con quest'ultimo; oppure può essere usato con una specie di "effetto sorpresa", come ad esempio un re9 in una canzone in do, e allora bisognerebbe per quanto possibile lasciarlo intatto. Gli intervalli dissonanti che contiene sono infatti piuttosto piacevoli, dando un'idea di ricchezza nel suono. Degli accordi di nona si possono trovare ad esempio in *Every breathe you take* dei Police, oppure nell'accordo che apre *Imagine* di John Lennon.

Do7/9,C9

Il secondo degli accordi di nona ha come nome pratico quello di accordo **di settima e nona**, e contiene appunto oltre alle note del corrispondente accordo maggiore una settima minore e una nona maggiore, per un totale di ben cinque note: do, mi, sol, sib e re. I corrispondenti salti sono di "+4", "+3", "+3", "+4" semitoni. Simmetrico, no? Ti potrai magari chiedere come mai nella notazione inglese manchi la segnalazione dell'aggiunta della settima. La risposta è che in musica questo *è* l'accordo di nona! E addirittura si dice anche che, se si deve togliere una nota, quella sacrificabile è la quinta: il sol, se siamo in tonalità di do. Questo è però abbastanza inutile nella musica pop/rock, dato che l'uso di questo accordo "dissonante ma ricco" è generalmente limitato alla strappata che conclude il brano. Si può ovviamente lasciare perdere questa finezza e usare il semplice accordo maggiore, ma vi si sgamerebbe subito!

Do6/9,C6/9

L'accordo **di sesta e nona**, composto aggiungendo all'accordo fondamentale una sesta maggiore e una nona maggiore, non è molto comune, e lo si trova principalmente nella musica brasiliana o similare. Il suo suono è molto particolare, e non sostituibile facilmente. Esso è formato da do, mi, sol, la e re; gli intervalli fanno un salto nell'ordine do "+4", "+3, "+2", e "+5" semitoni.

Do2m,Do9m,C(min9)

Ancora un accordo con l'aggiunta di una nota che fa un intervallo di nona con la fondamentale. L'accordo **di nona minore** è un accordo maggiore cui è stata appunto aggiunta una nona minore, con un effetto molto dissonante: anche se gli intervalli hanno salti ampi ("+4", "+3", "+6"), in realtà ci sono due note a distanza teorica di un semitono. Le note che lo compongono sono infatti do, mi, sol e reb. Il suo uso nella musica leggera è piuttosto limitato: in genere precede immediatamente la tonica finale - quindi possiamo trovare un brano in do maggiore che termina con sol9m e infine do - ed è un equivalente dell'accordo di settima, colorato un po' di più.

Do10m,C7#9

Questo accordo, come del resto il precedente, è molto dissonante, e il suo uso è riservato a specifici tipi di brani, come ad esempio il blues. Di nuovo, abbiamo un accordo dalla composizione un po' ballerina: per noi italiani infatti è un accordo **di decima minore**, e non si fa menzione della settima che si vede nell'equivalente (?) forma inglese. Meno preoccupante è invece il vedere indicata una nona maggiore (il

"#9") al posto della decima minore: abbiamo visto all'inizio che all'atto pratico sono la stessa nota. Se sei stato attento, saprai benissimo che la decima minore equivale a una terza minore, e potresti chiederti perché non si scrive direttamente che l'accordo è minore. La risposta è sconsolante: questo *è* un accordo maggiore. In pratica è composto da do, mi, sol, e mib all'ottava superiore, e gli intervalli tra le varie note sono "+4", "+3", "+8" semitoni. Inutile aggiungere che il mi e il mib sono rigorosamente a un'ottava (diminuita) di distanza. Più pratico ricordare che spesso questo accordo è per così dire "implicito": è il bluesman che canta con una scala blues - che in tonalità di do usa il mib e il sib - mentre suona un accordo (maggiore) con la settima minore. Quindi in caso di necessità si può evitare di aggiungere tra le note che si suonano la decima minore, e limitarsi a cantarla. Andrà tutto bene!

Do(no3),C5

Ecco finalmente l'accordo che tutti stavano aspettando! Il nome italiano è **bicordo**: ma io l'ho sempre sentito chiamare all'inglese **power chord**. Ma non è finita qui: il suo simbolo sembra fatto apposta per trarre in inganno i poveri chitarristi alle prime armi, che si chiedono perché nella sigla dell'accordo sembra venire indicata l'esistenza di una quinta, quando in realtà bisogna *togliere* la terza. Per farla breve, l'accordo è formato solamente da fondamentale e quinta, do e sol quando siamo in tonalità di do, e l'unico intervallo che rimane è "+7" semitoni: se vogliamo essere generosi e aggiungere anche l'ottava, possiamo vedere anche un "+5". Il suono di questo accordo è molto peculiare: la mancanza di una terza lo mette in un limbo, né maggiore né minore. E all'orecchio si ha una certa sensazione come di vuoto, sensazione acuita dall'abitudine di mettere più power chord uno dopo l'altro, con un tripudio di ottave parallele che fa rivoltare nella tomba tutti i compositori classici. In effetti, non ho mai capito perché l'accordo debba essere chiamato "potente", forse perché al pianoforte non è che dia tutto quell'effetto. Misteri delle chitarre iperamplificate. Purtroppo non pu ò essere sostituito in alcun modo: il chitarrista si può consolare pensando che in fin dei conti lo si suona solo su tre corde, quindi non è la fine del mondo.

Do5b,Cb5

Un altro accordo dissonante, dove si sostituisce alla quinta giusta una **quinta diminuita**. A differenza dell'accordo diminuito vero e proprio, però, in questo caso la terza rimane maggiore: le note che compongono l'accordo di do5b sono pertanto do, mi e fa#, e i corrispondenti intervalli fanno salti di "+4" e "+2" semitoni. L'uso di questo accordo è piuttosto limitato, e lo si può quasi vedere come una fioritura intorno al relativo accordo fondamentale. In pratica è molto più usato il suo fratellino esposto subito sotto.

Dom7/5b,Cm7b5

Un accordo comunissimo nel jazz... ma anche spesso usato da Claudio Baglioni, questo accordo **semidiminuito** si forma a partire dall'accordo minore corrispondente sostituendo la quinta con una quinta diminuita, e aggiungendo la settima minore, a differenza dell'accordo diminuito dove anche la settima è diminuita. Le note che formano l'accordo di dom7/5b sono do, mib, fa#, e sib; gli intervalli corrispondenti fanno salti di "+3", "+3", "+4" semitoni... con un altro "+2" implicito per completare il giro e arrivare al do. Infatti, non è raro che si preferisca evitare di scrivere un accordo così ostico, anche nella versione "cerchietto tagliato" degli inglesi, e si sfrutti la forma equivalente. Invece che scrivere Dom7/5b si può infatti definire l'accordo come Mibm/Do.

Le sfumature degli accordi non si limitano a questa breve e simpatica digressione: esistono tante sfumature quante sono le combinazioni che le dodici note della musica possono costituire: la vera arte che è insita nell'uomo consiste nell'individuare quelle consonanze che maggiormente rispecchiano l'armonia pura che già risiede nei nostri sensi in ognuno di noi.[28]

---

[28] Nota dell'Autore.

55. TAVOLE

VII VIII IX X XI XII
SOLb-6 o FA#-6
IX X XI XII XIII XIV
SOLb-6 o FA#-6
III IV V VI VII VIII
SOLb9 o FA#9
VIII IX X XI XII XIII
SOLb9 o FA#9
II III IV V VI VII
SOLb9 o FA#9
III IV V VI VII VIII
SOLb9- o FA#9-
VIII IX X XI XII XIII
SOLb9- o FA#9-
I II III IV V VI
SOLb9- o FA#9-
Accordi di SOLb o FA# in altre posizioni
VII VIII IX X XI XII
SOLb5+ o FA#5+
IX X XI XII XIII XIV
SOLb5+ o FA#5+
VI VII VIII IX X XI
SOLb5+ o FA#5+
VI VII VIII IX X XI
SOLb7+ o FA#7+
IX X XI XII XIII XIV
SOLb7+ o FA#7+
IV V VI VII VIII IX
SOLb6 o FA#6
VII VIII IX X XI XII
SOLb6 o FA#6
IX X XI XII XIII XIV
SOLb6 o FA#6
IV V VI VII VIII IX
SOLb-7 o FA#-7
IX X XI XII XIII XIV
SOLb-7 o FA#-7
IX X XI XII XIII XIV
SOLb-7 o FA#-7
IV V VI VII VIII IX
SOLb-6 o FA#-6
Accordi di SOLb o FA# in altre posizioni

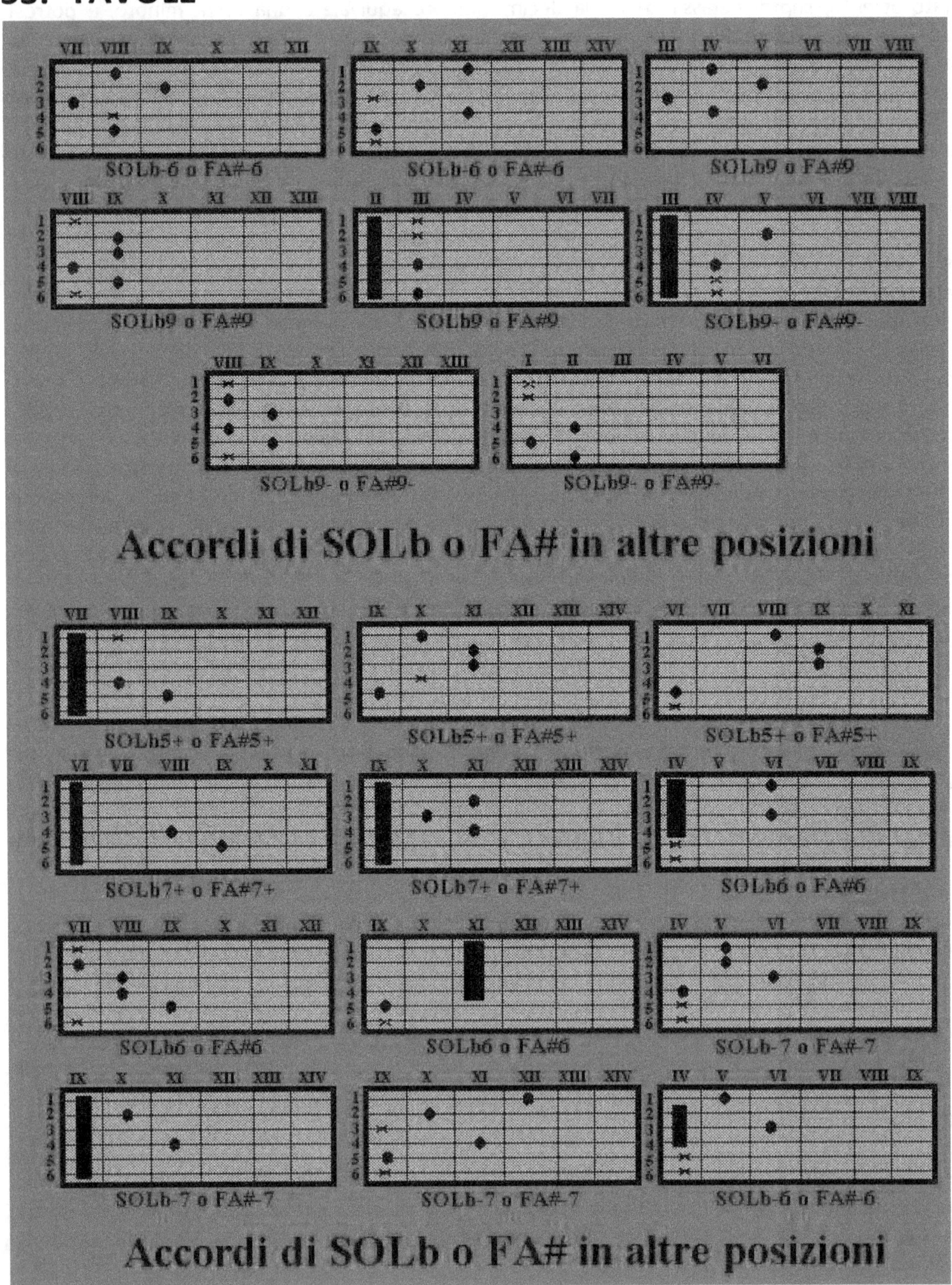

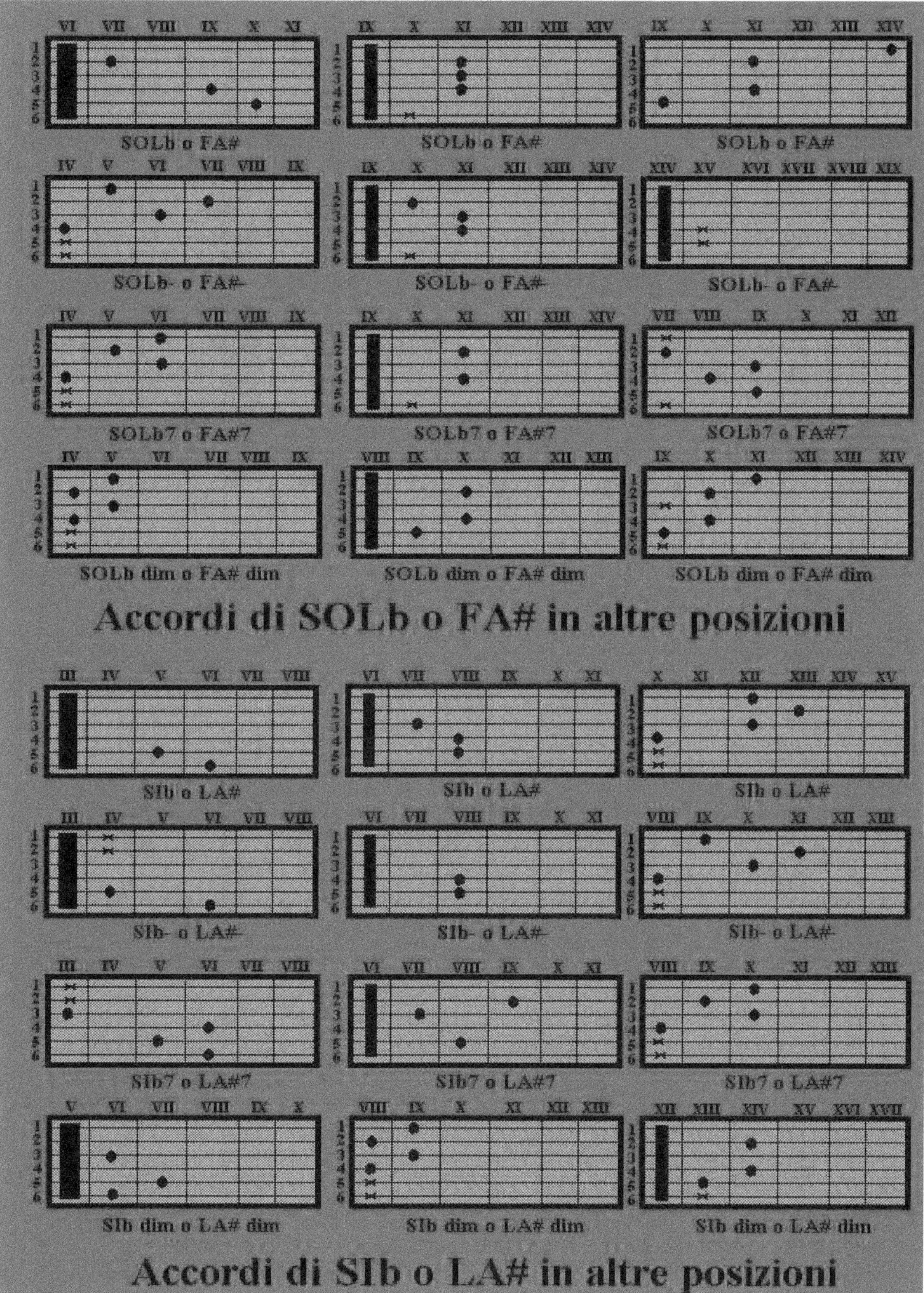
VI VII VIII IX X XI
SOLb o FA#
IX X XI XII XIII XIV
SOLb o FA#
IX X XI XII XIII XIV
SOLb o FA#
IV V VI VII VIII IX
SOLb- o FA#-
IX X XI XII XIII XIV
SOLb- o FA#-
XIV XV XVI XVII XVIII XIX
SOLb- o FA#-
IV V VI VII VIII IX
SOLb7 o FA#7
IX X XI XII XIII XIV
SOLb7 o FA#7
VII VIII IX X XI XII
SOLb7 o FA#7
IV V VI VII VIII IX
SOLb dim o FA# dim
VIII IX X XI XII XIII
SOLb dim o FA# dim
IX X XI XII XIII XIV
SOLb dim o FA# dim
Accordi di SOLb o FA# in altre posizioni
III IV V VI VII VIII
SIb o LA#
VI VII VIII IX X XI
SIb o LA#
X XI XII XIII XIV XV
SIb o LA#
III IV V VI VII VIII
SIb- o LA#-
VI VII VIII IX X XI
SIb- o LA#-
VIII IX X XI XII XIII
SIb- o LA#-
III IV V VI VII VIII
SIb7 o LA#7
VI VII VIII IX X XI
SIb7 o LA#7
VIII IX X XI XII XIII
SIb7 o LA#7
V VI VII VIII IX X
SIb dim o LA# dim
VIII IX X XI XII XIII
SIb dim o LA# dim
XII XIII XIV XV XVI XVII
SIb dim o LA# dim
Accordi di SIb o LA# in altre posizioni

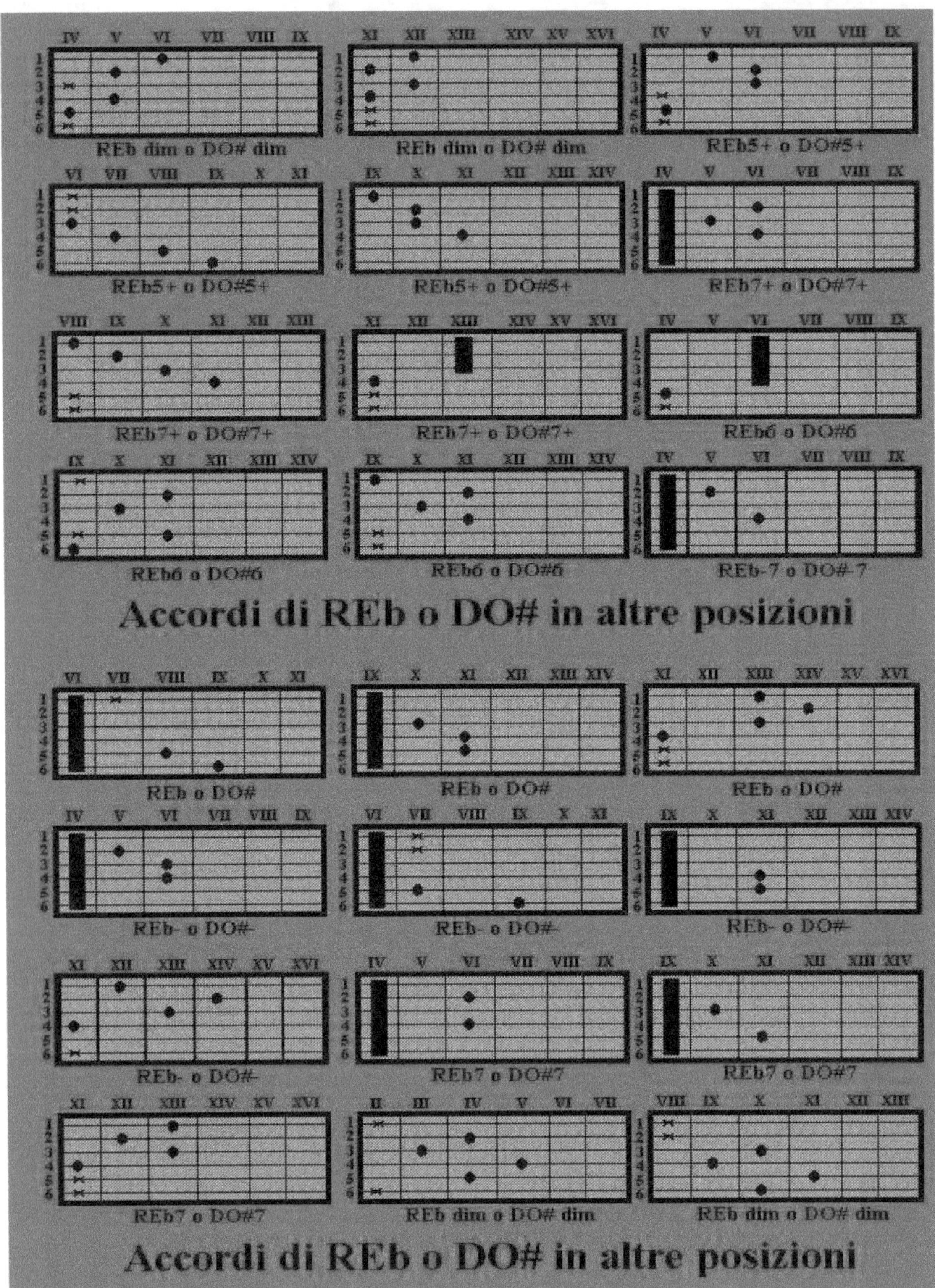
IV V VI VII VIII IX
REb dim o DO# dim
XI XII XIII XIV XV XVI
REb dim o DO# dim
IV V VI VII VIII IX
REb5+ o DO#5+
VI VII VIII IX X XI
REb5+ o DO#5+
IX X XI XII XIII XIV
REb5+ o DO#5+
IV V VI VII VIII IX
REb7+ o DO#7+
VIII IX X XI XII XIII
REb7+ o DO#7+
XI XII XIII XIV XV XVI
REb7+ o DO#7+
IV V VI VII VIII IX
REb6 o DO#6
IX X XI XII XIII XIV
REb6 o DO#6
IX X XI XII XIII XIV
REb6 o DO#6
IV V VI VII VIII IX
REb-7 o DO#-7
Accordi di REb o DO# in altre posizioni
VI VII VIII IX X XI
REb o DO#
IX X XI XII XIII XIV
REb o DO#
XI XII XIII XIV XV XVI
REb o DO#
IV V VI VII VIII IX
REb- o DO#-
VI VII VIII IX X XI
REb- o DO#-
IX X XI XII XIII XIV
REb- o DO#-
XI XII XIII XIV XV XVI
REb- o DO#-
IV V VI VII VIII IX
REb7 o DO#7
IX X XI XII XIII XIV
REb7 o DO#7
XI XII XIII XIV XV XVI
REb7 o DO#7
II III IV V VI VII
REb dim o DO# dim
VIII IX X XI XII XIII
REb dim o DO# dim
Accordi di REb o DO# in altre posizioni

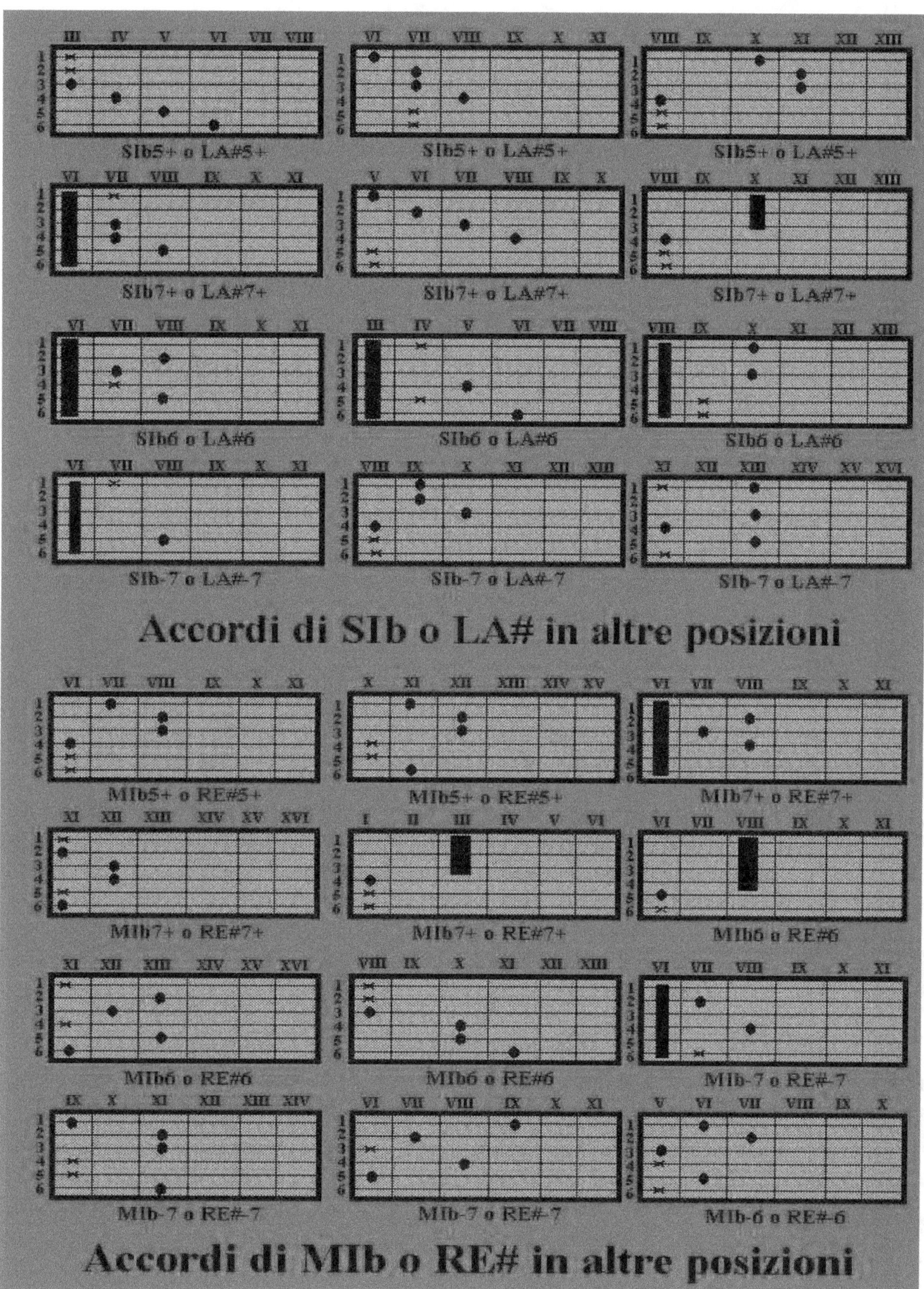
SIb5+ o LA#5+
SIb5+ o LA#5+
SIb5+ o LA#5+
SIb7+ o LA#7+
SIb7+ o LA#7+
SIb7+ o LA#7+
SIb6 o LA#6
SIb6 o LA#6
SIb6 o LA#6
SIb-7 o LA#-7
SIb-7 o LA#-7
SIb-7 o LA#-7
Accordi di SIb o LA# in altre posizioni
MIb5+ o RE#5+
MIb5+ o RE#5+
MIb7+ o RE#7+
MIb7+ o RE#7+
MIb7+ o RE#7+
MIb6 o RE#6
MIb6 o RE#6
MIb6 o RE#6
MIb-7 o RE#-7
MIb-7 o RE#-7
MIb-7 o RE#-7
MIb-6 o RE#-6
Accordi di MIb o RE# in altre posizioni

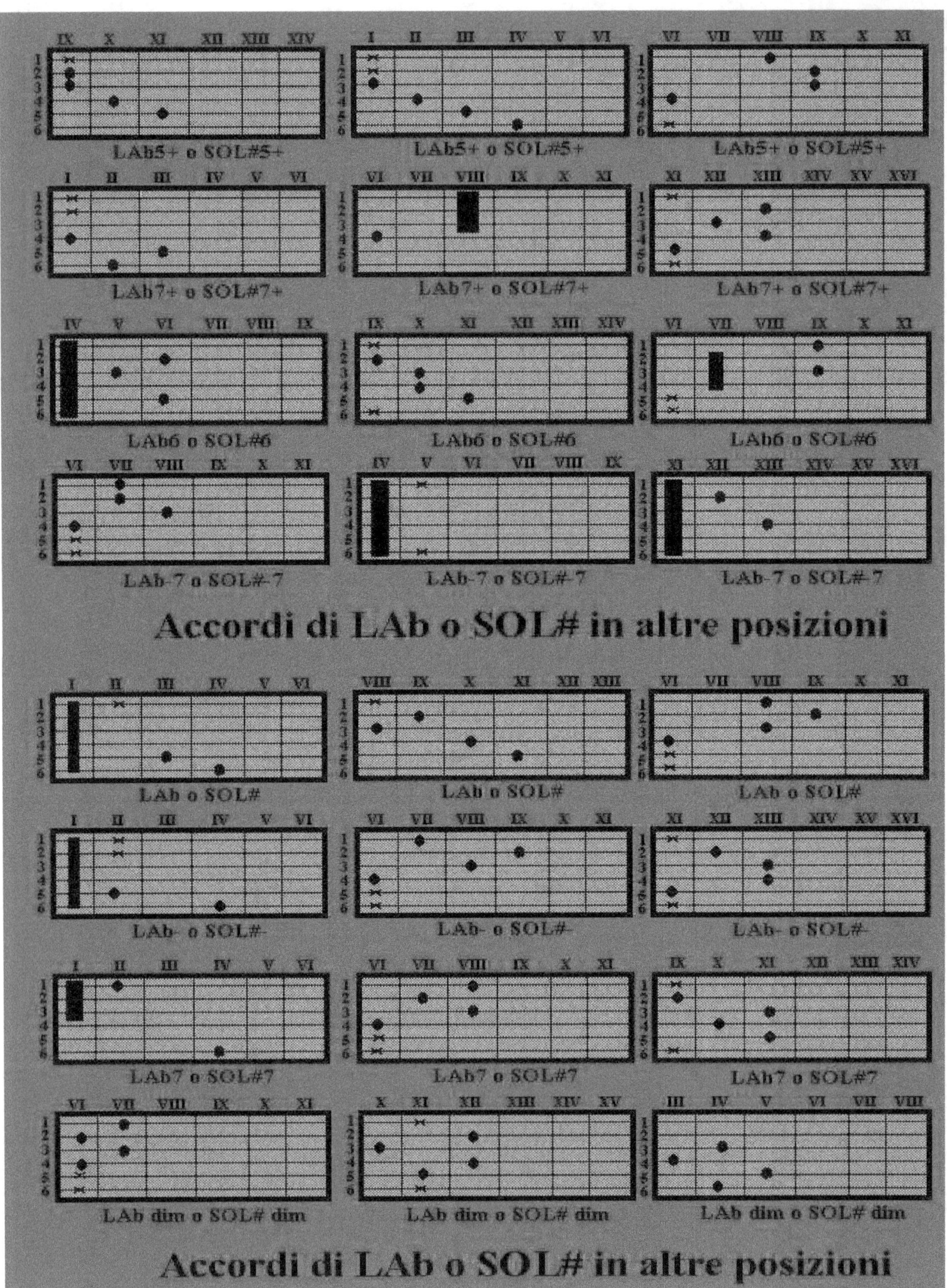
LAb5+ o SOL#5+
LAb5+ o SOL#5+
LAb5+ o SOL#5+
LAb7+ o SOL#7+
LAb7+ o SOL#7+
LAb7+ o SOL#7+
LAb6 o SOL#6
LAb6 o SOL#6
LAb6 o SOL#6
LAb-7 o SOL#-7
LAb-7 o SOL#-7
LAb-7 o SOL#-7
Accordi di LAb o SOL# in altre posizioni
LAb o SOL#
LAb o SOL#
LAb o SOL#
LAb- o SOL#-
LAb- o SOL#-
LAb- o SOL#-
LAb7 o SOL#7
LAb7 o SOL#7
LAb7 o SOL#7
LAb dim o SOL# dim
LAb dim o SOL# dim
LAb dim o SOL# dim
Accordi di LAb o SOL# in altre posizioni

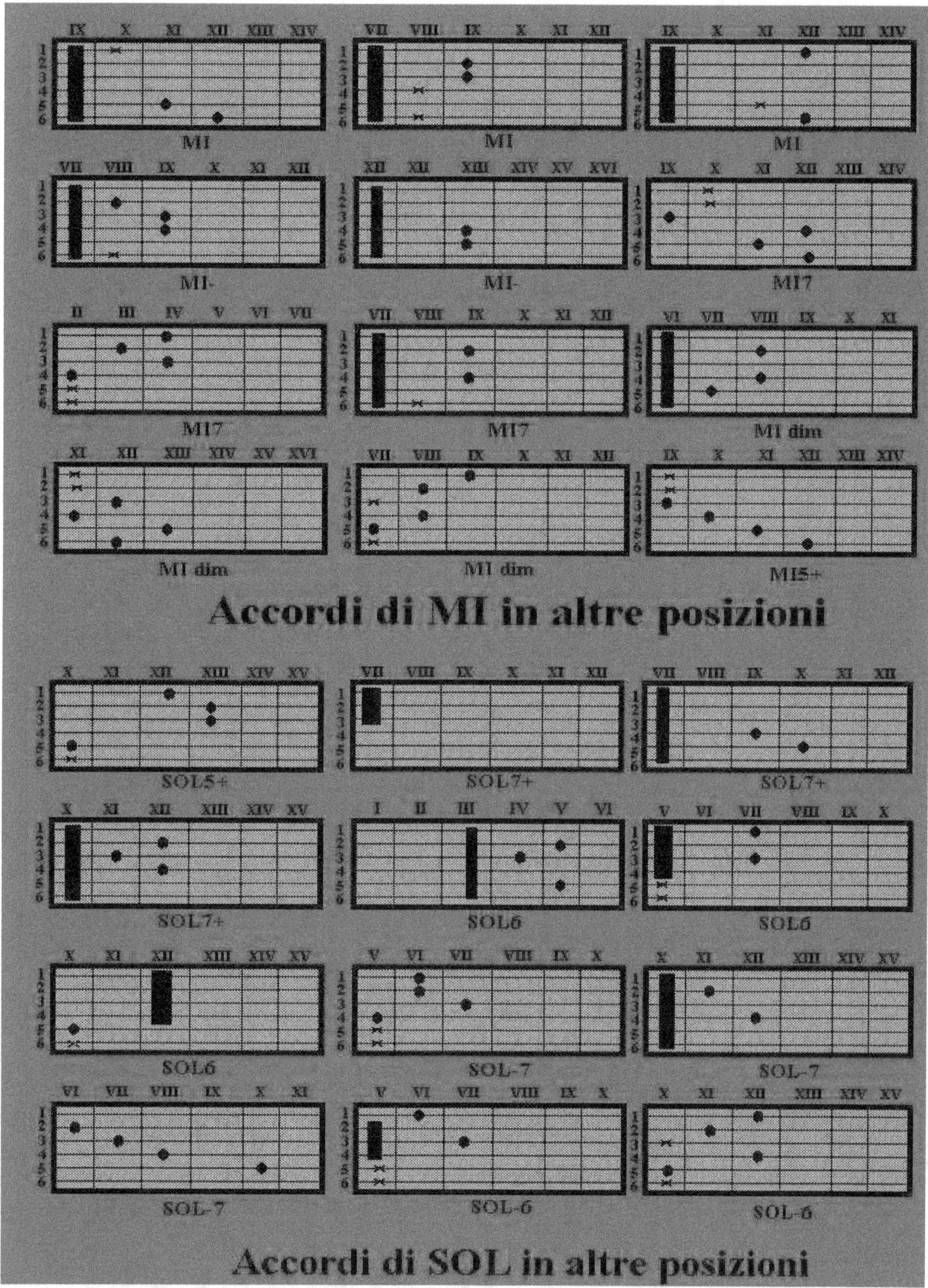
MI
MI
MI
MI-
MI-
MI7
MI7
MI7
MI dim
MI dim
MI dim
MI5+
Accordi di MI in altre posizioni
SOL5+
SOL7+
SOL7+
SOL7+
SOL6
SOL6
SOL6
SOL-7
SOL-7
SOL-7
SOL-6
SOL-6
Accordi di SOL in altre posizioni

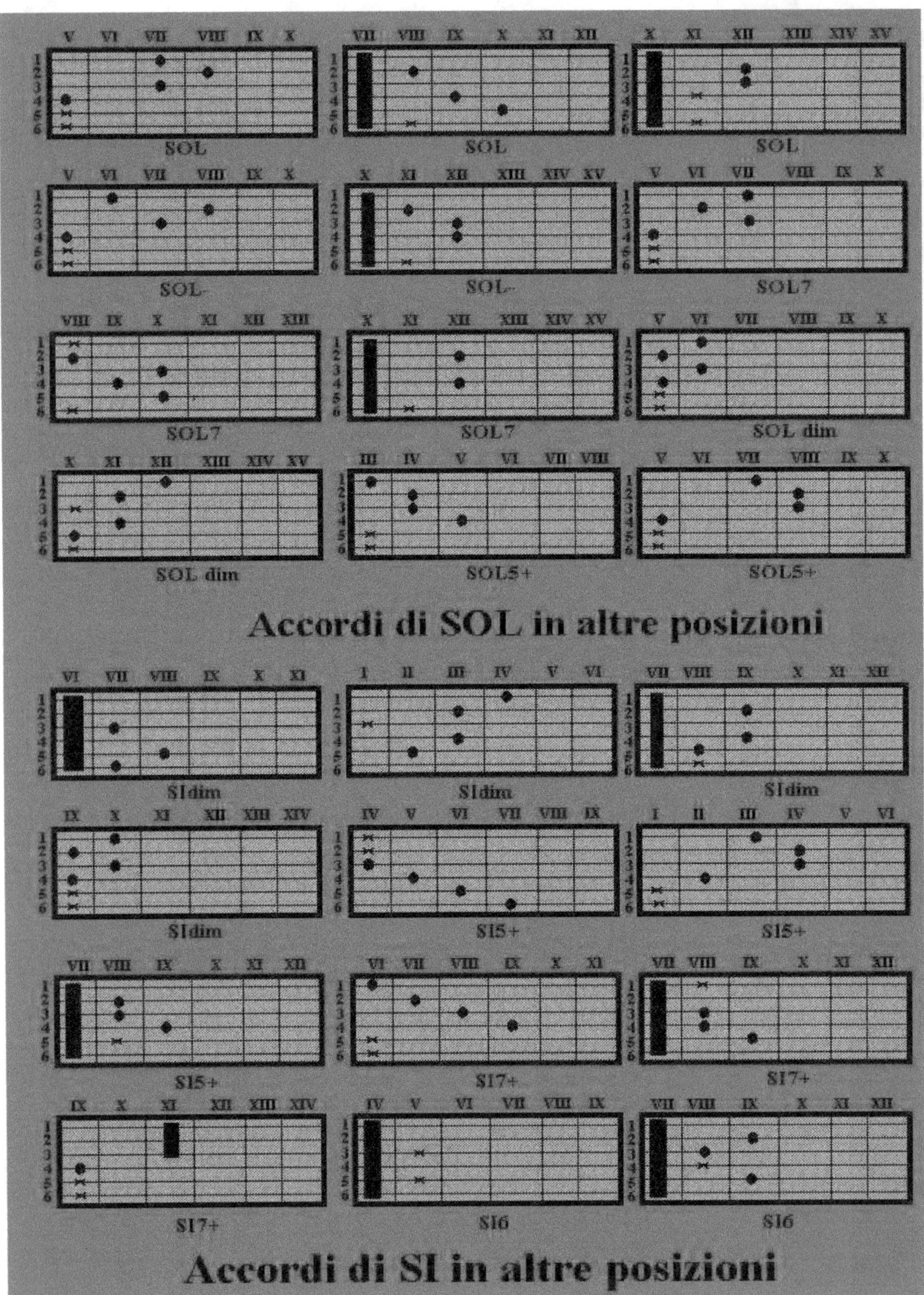
SOL
SOL
SOL
SOL-
SOL-
SOL7
SOL7
SOL7
SOL dim
SOL dim
SOL5+
SOL5+
Accordi di SOL in altre posizioni
SIdim
SIdim
SIdim
SIdim
SI5+
SI5+
SI5+
SI7+
SI7+
SI7+
SI6
SI6
Accordi di SI in altre posizioni

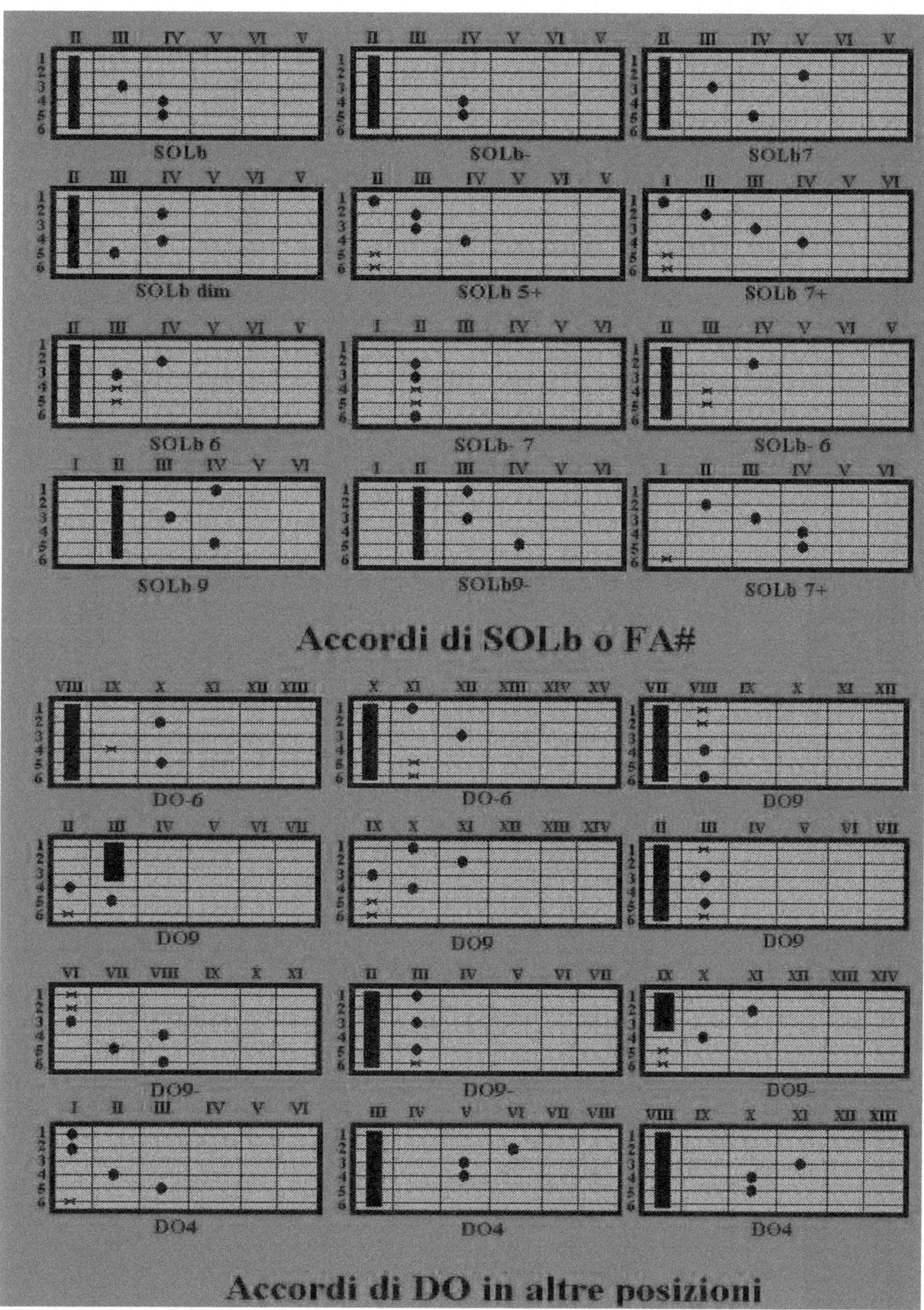
SOLb
SOLb-
SOLb7
SOLb dim
SOLb 5+
SOLb 7+
SOLb 6
SOLb- 7
SOLb- 6
SOLb 9
SOLb9-
SOLb 7+
Accordi di SOLb o FA#
DO-6
DO-6
DO9
DO9
DO9
DO9
DO9-
DO9-
DO9-
DO4
DO4
DO4
Accordi di DO in altre posizioni

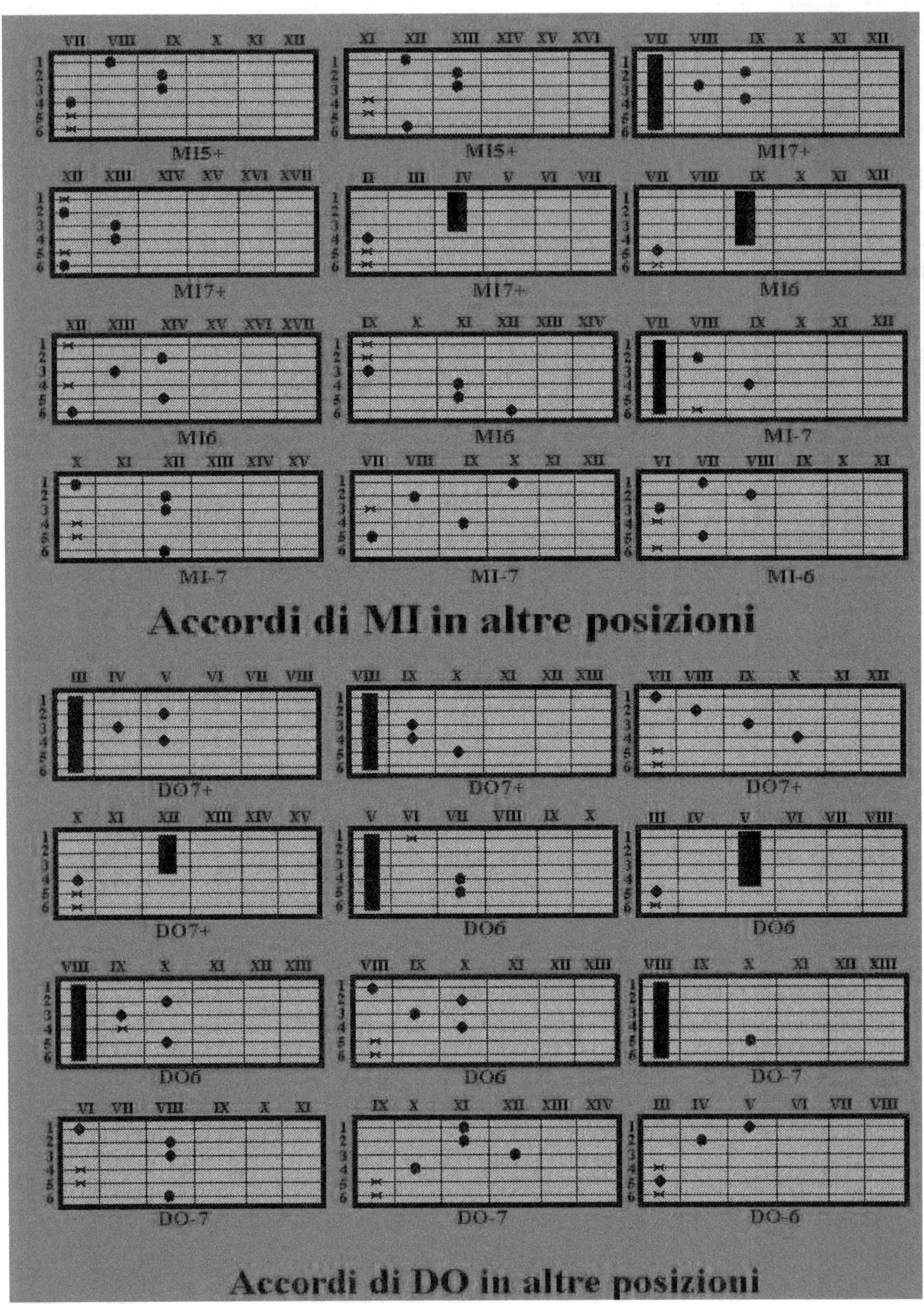
MI5+
MI5+
MI7+
MI7+
MI7+
MI6
MI6
MI6
MI-7
MI-7
MI-7
MI-6
Accordi di MI in altre posizioni
DO7+
DO7+
DO7+
DO7+
DO6
DO6
DO6
DO6
DO-7
DO-7
DO-7
DO-6
Accordi di DO in altre posizioni

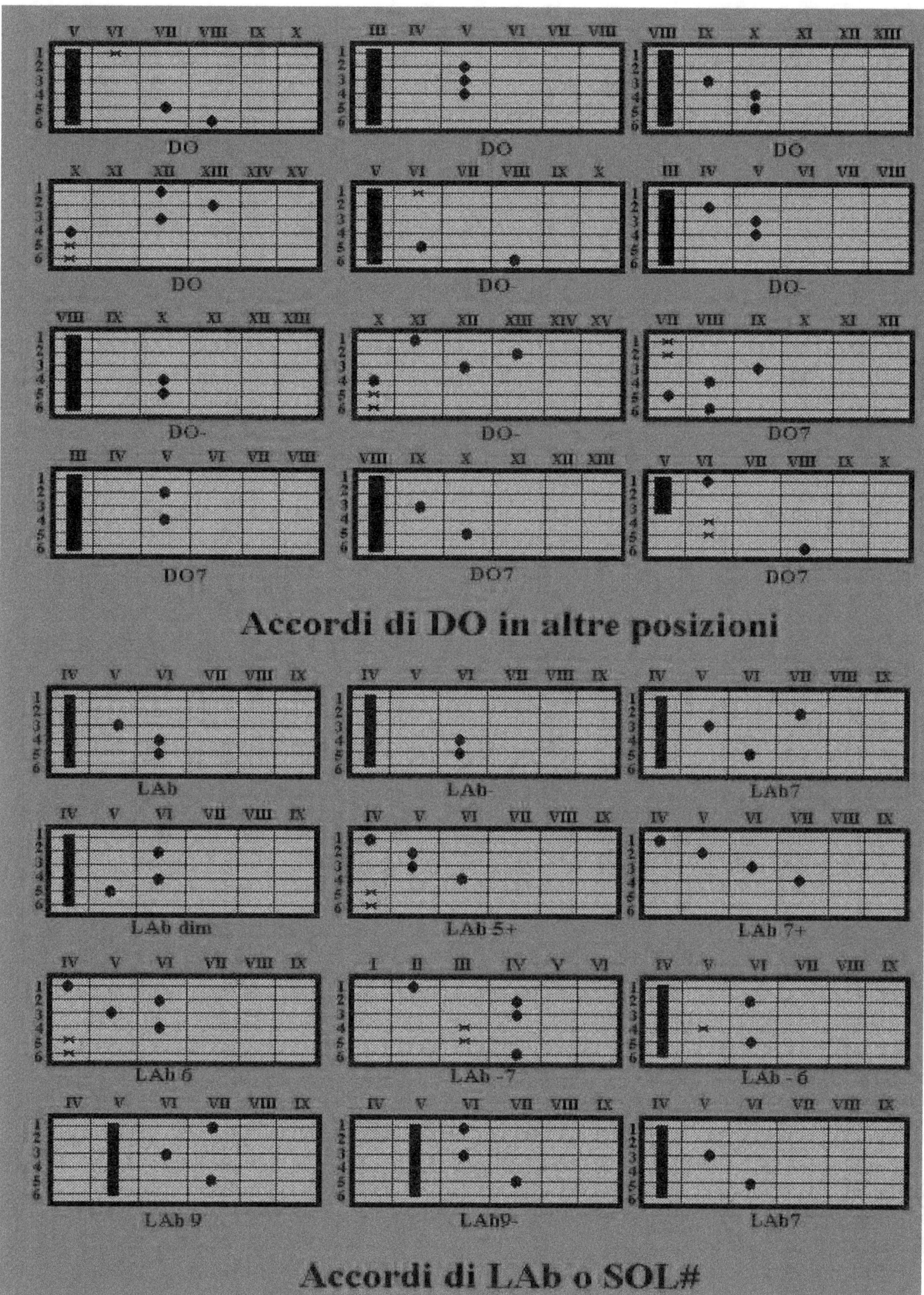
V VI VII VIII IX X
DO
III IV V VI VII VIII
DO
VIII IX X XI XII XIII
DO
X XI XII XIII XIV XV
DO
V VI VII VIII IX X
DO-
III IV V VI VII VIII
DO-
VIII IX X XI XII XIII
DO-
X XI XII XIII XIV XV
DO-
VII VIII IX X XI XII
DO7
III IV V VI VII VIII
DO7
VIII IX X XI XII XIII
DO7
V VI VII VIII IX X
DO7
Accordi di DO in altre posizioni
IV V VI VII VIII IX
LAb
LAb-
LAb7
LAb dim
LAb 5+
LAb 7+
LAb 6
I II III IV V VI
LAb -7
LAb - 6
LAb 9
LAb9-
LAb7
Accordi di LAb o SOL#

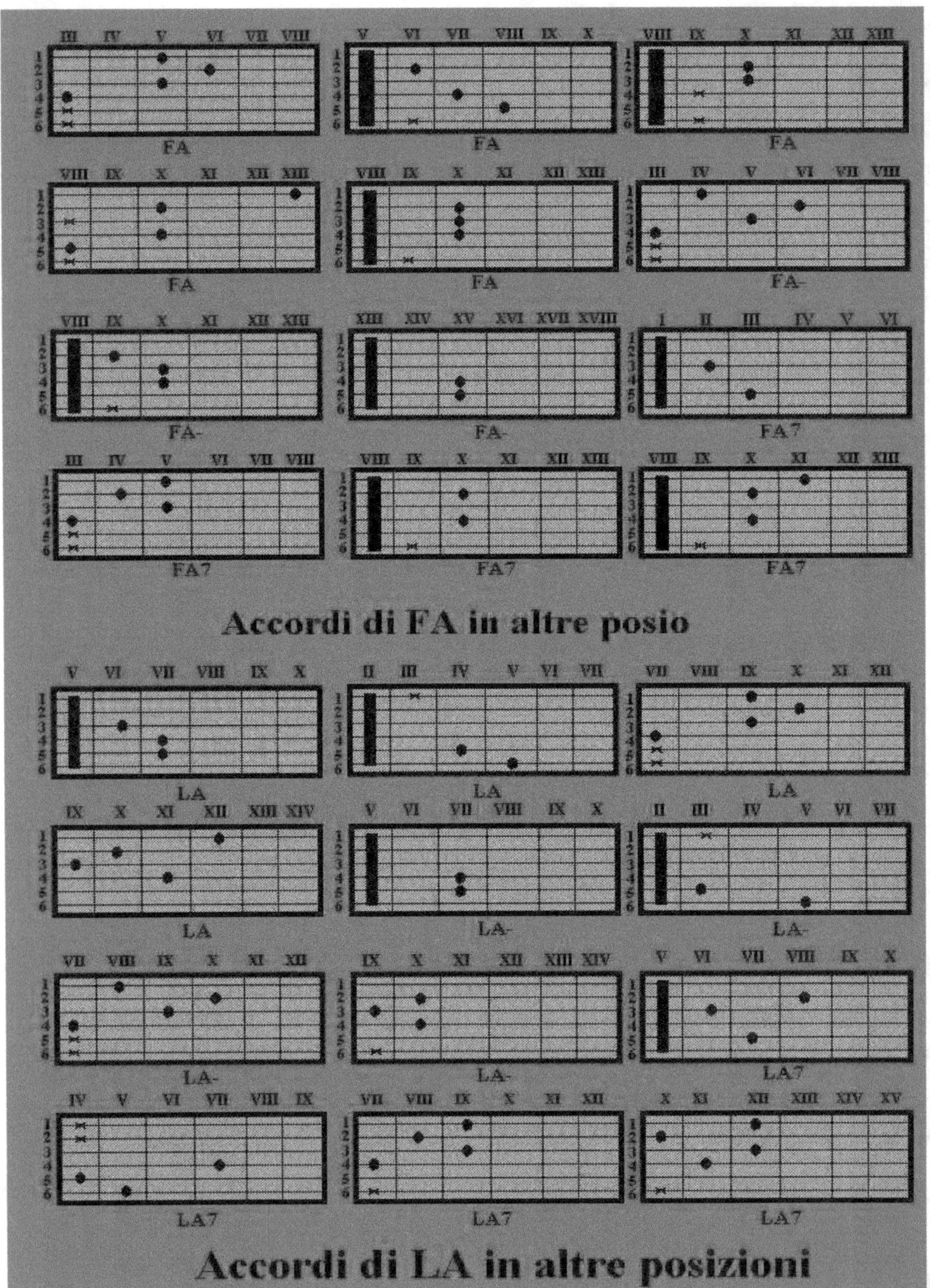
III IV V VI VII VIII
FA
V VI VII VIII IX X
FA
VIII IX X XI XII XIII
FA
VIII IX X XI XII XIII
FA
VIII IX X XI XII XIII
FA
III IV V VI VII VIII
FA-
VIII IX X XI XII XIII
FA-
XIII XIV XV XVI XVII XVIII
FA-
I II III IV V VI
FA7
III IV V VI VII VIII
FA7
VIII IX X XI XII XIII
FA7
VIII IX X XI XII XIII
FA7
Accordi di FA in altre posio
V VI VII VIII IX X
LA
II III IV V VI VII
LA
VII VIII IX X XI XII
LA
IX X XI XII XIII XIV
LA
V VI VII VIII IX X
LA-
II III IV V VI VII
LA-
VII VIII IX X XI XII
LA-
IX X XI XII XIII XIV
LA-
V VI VII VIII IX X
LA7
IV V VI VII VIII IX
LA7
VII VIII IX X XI XII
LA7
X XI XII XIII XIV XV
LA7
Accordi di LA in altre posizioni

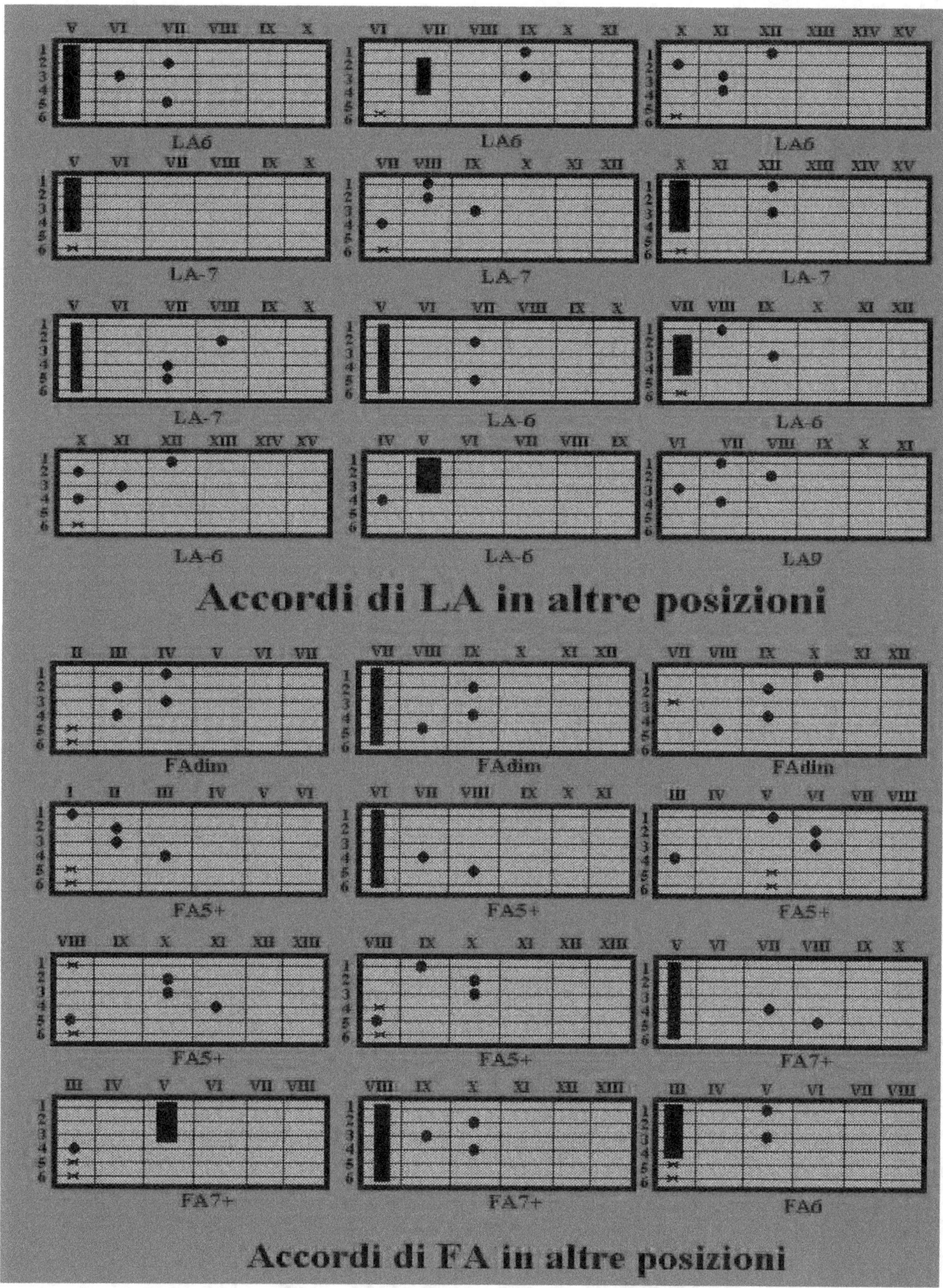
V VI VII VIII IX X
1 2 3 4 5 6
LA6
VI VII VIII IX X XI
LA6
X XI XII XIII XIV XV
LA6
LA-7
VII VIII IX X XI XII
LA-7
LA-7
LA-7
LA-6
LA-6
LA-6
IV V VI VII VIII IX
LA-6
LA9
Accordi di LA in altre posizioni
II III IV V VI VII
FAdim
FAdim
FAdim
I II III IV V VI
FA5+
FA5+
III IV V VI VII VIII
FA5+
FA5+
FA5+
FA7+
FA7+
FA7+
FA6
Accordi di FA in altre posizioni

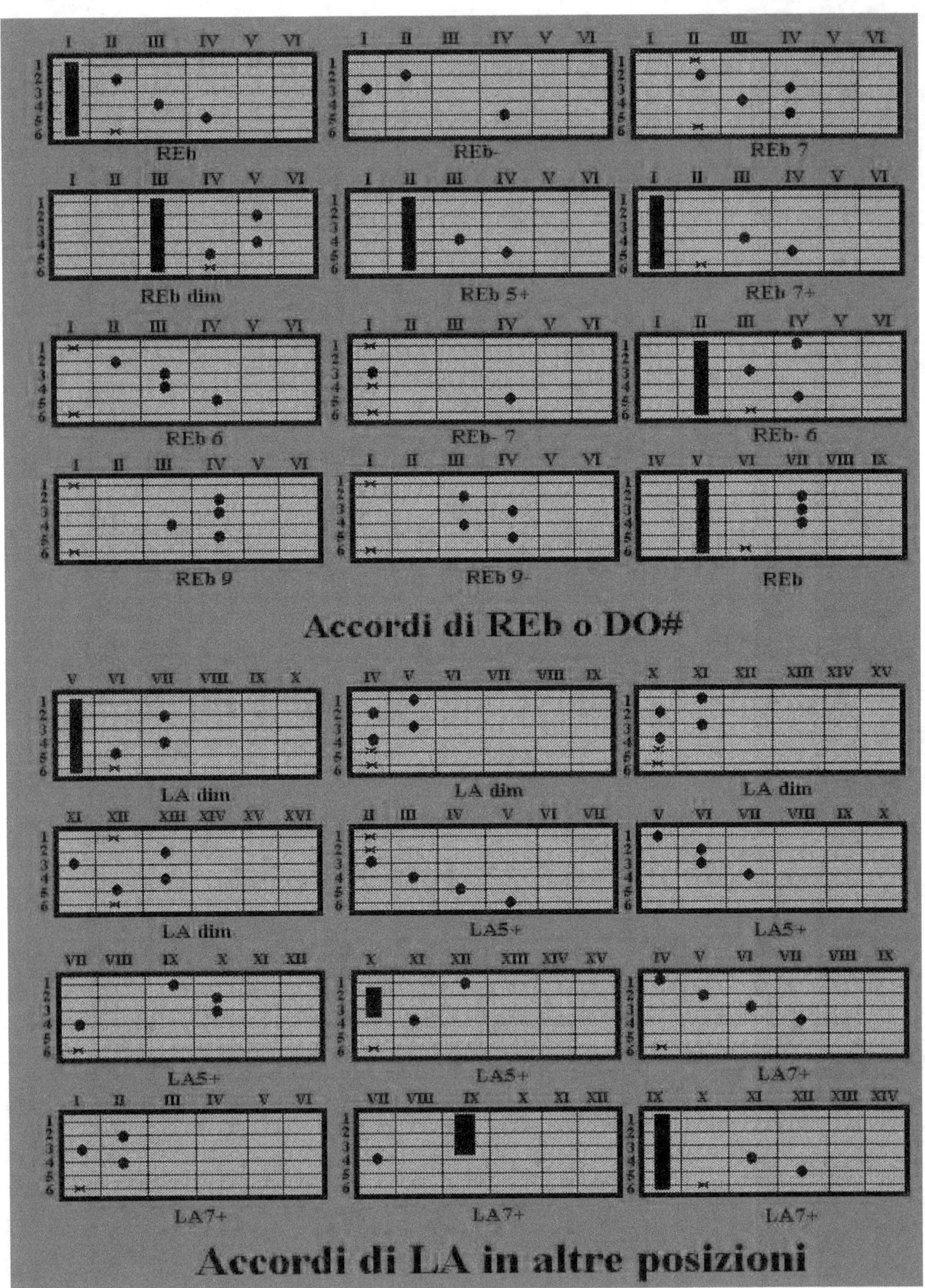
REb
REb-
REb 7
REb dim
REb 5+
REb 7+
REb 6
REb- 7
REb- 6
REb 9
REb 9-
REb
Accordi di REb o DO#
LA dim
LA dim
LA dim
LA dim
LA5+
LA5+
LA5+
LA5+
LA7+
LA7+
LA7+
LA7+
Accordi di LA in altre posizioni

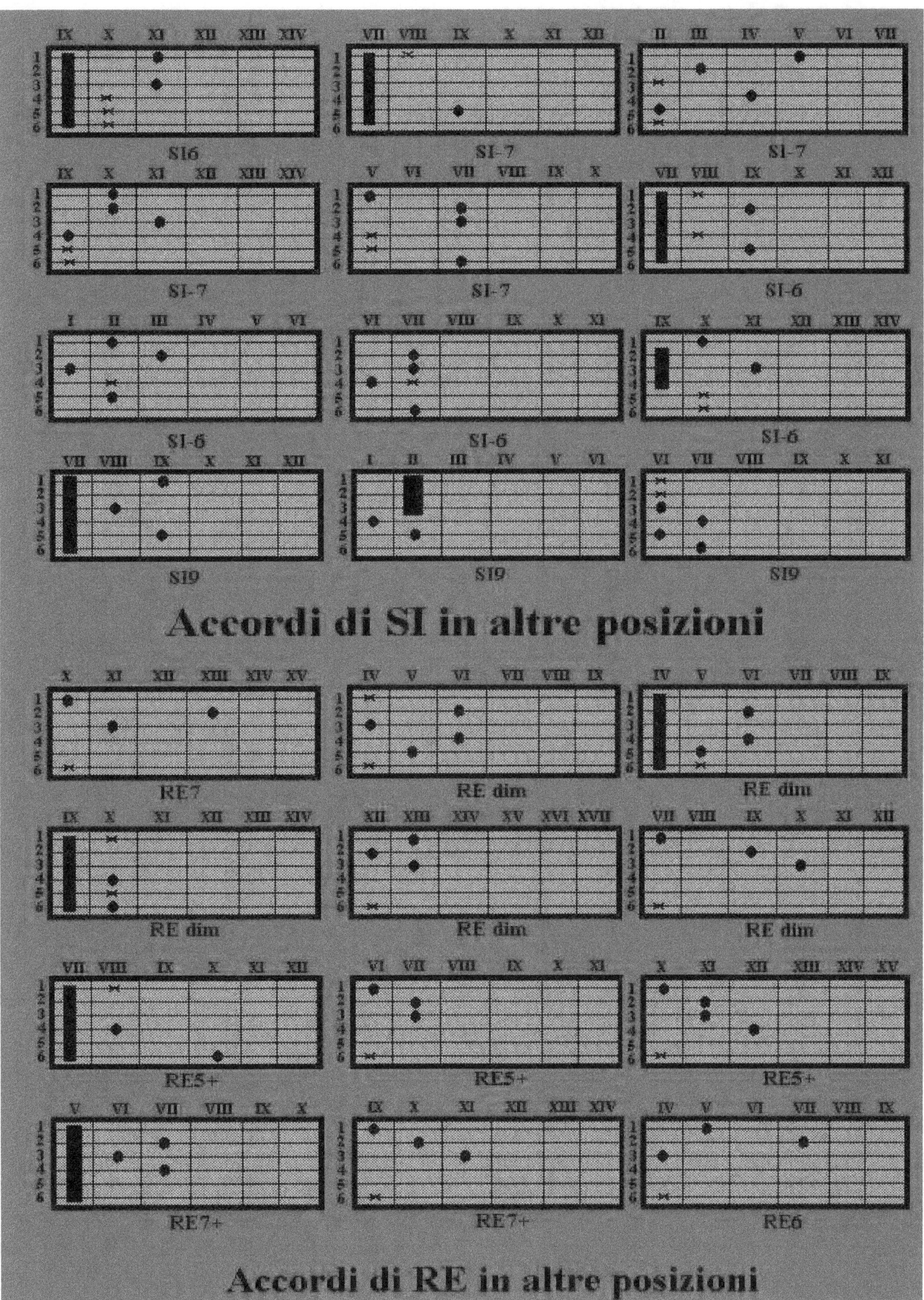
SI6
SI-7
SI-7
SI-7
SI-7
SI-6
SI-6
SI-6
SI-6
SI9
SI9
SI9
Accordi di SI in altre posizioni
RE7
RE dim
RE dim
RE dim
RE dim
RE dim
RE5+
RE5+
RE5+
RE7+
RE7+
RE6
Accordi di RE in altre posizioni

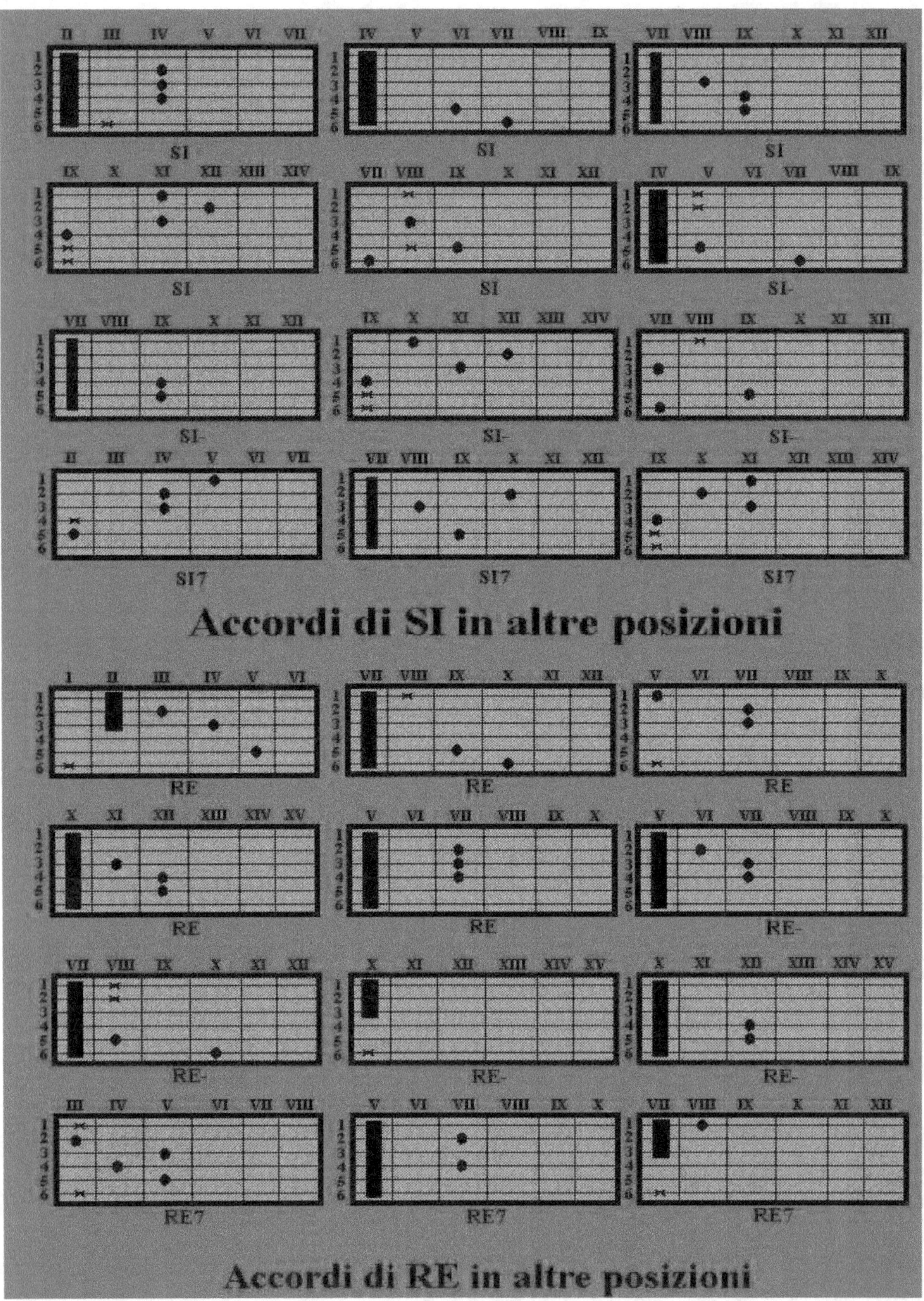
SI
SI
SI
SI
SI
SI-
SI-
SI-
SI-
SI7
SI7
SI7
Accordi di SI in altre posizioni
RE
RE
RE
RE
RE
RE-
RE-
RE-
RE-
RE7
RE7
RE7
Accordi di RE in altre posizioni

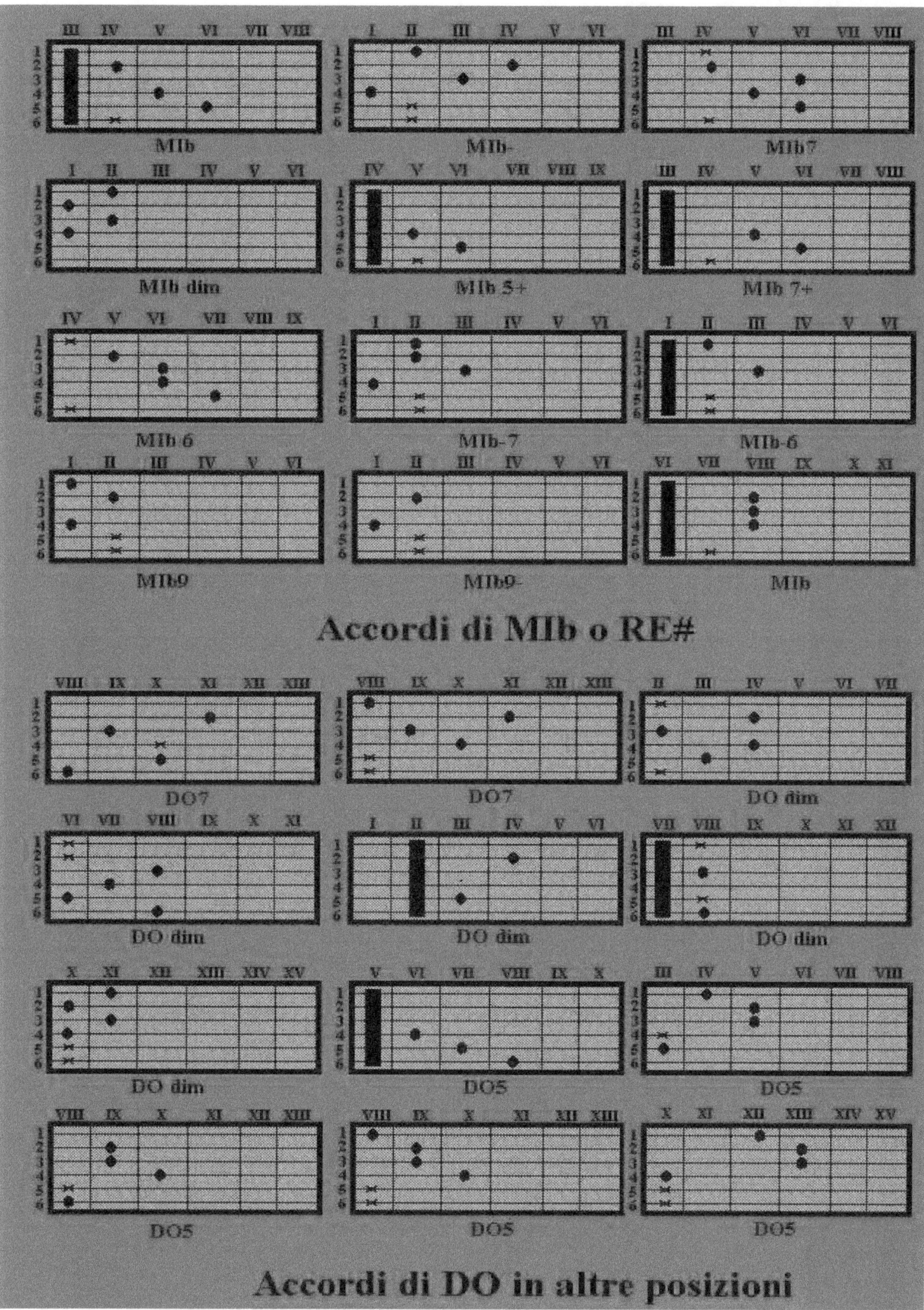
MIb
MIb-
MIb7
MIb dim
MIb 5+
MIb 7+
MIb 6
MIb-7
MIb-6
MIb9
MIb9-
MIb
Accordi di MIb o RE#
DO7
DO7
DO dim
DO dim
DO dim
DO dim
DO dim
DO5
DO5
DO5
DO5
DO5
Accordi di DO in altre posizioni

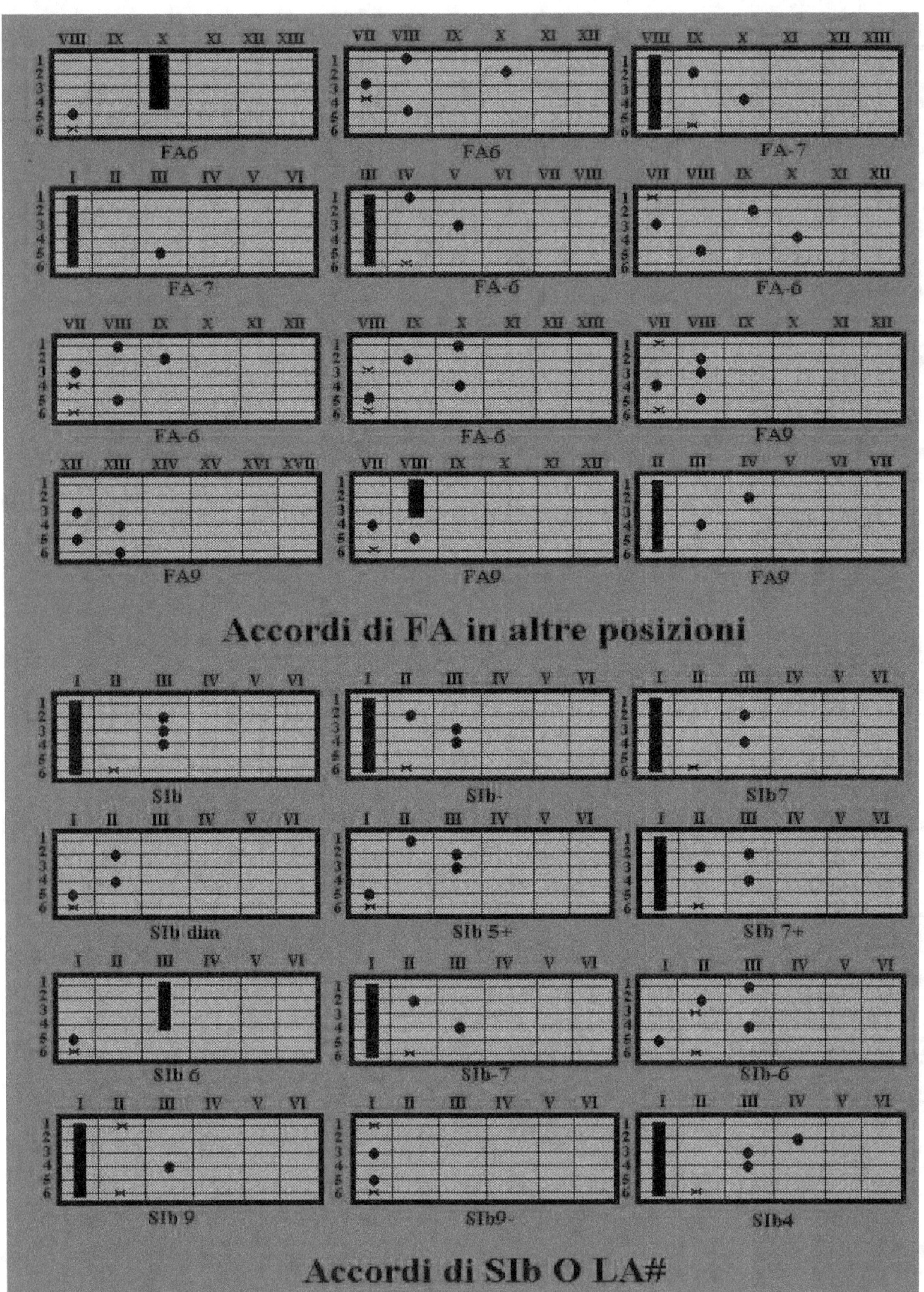
FA6
FA6
FA-7
FA-7
FA-6
FA-6
FA-6
FA-6
FA9
FA9
FA9
FA9
Accordi di FA in altre posizioni
SIb
SIb-
SIb7
SIb dim
SIb 5+
SIb 7+
SIb 6
SIb-7
SIb-6
SIb 9
SIb9-
SIb4
Accordi di SIb O LA#

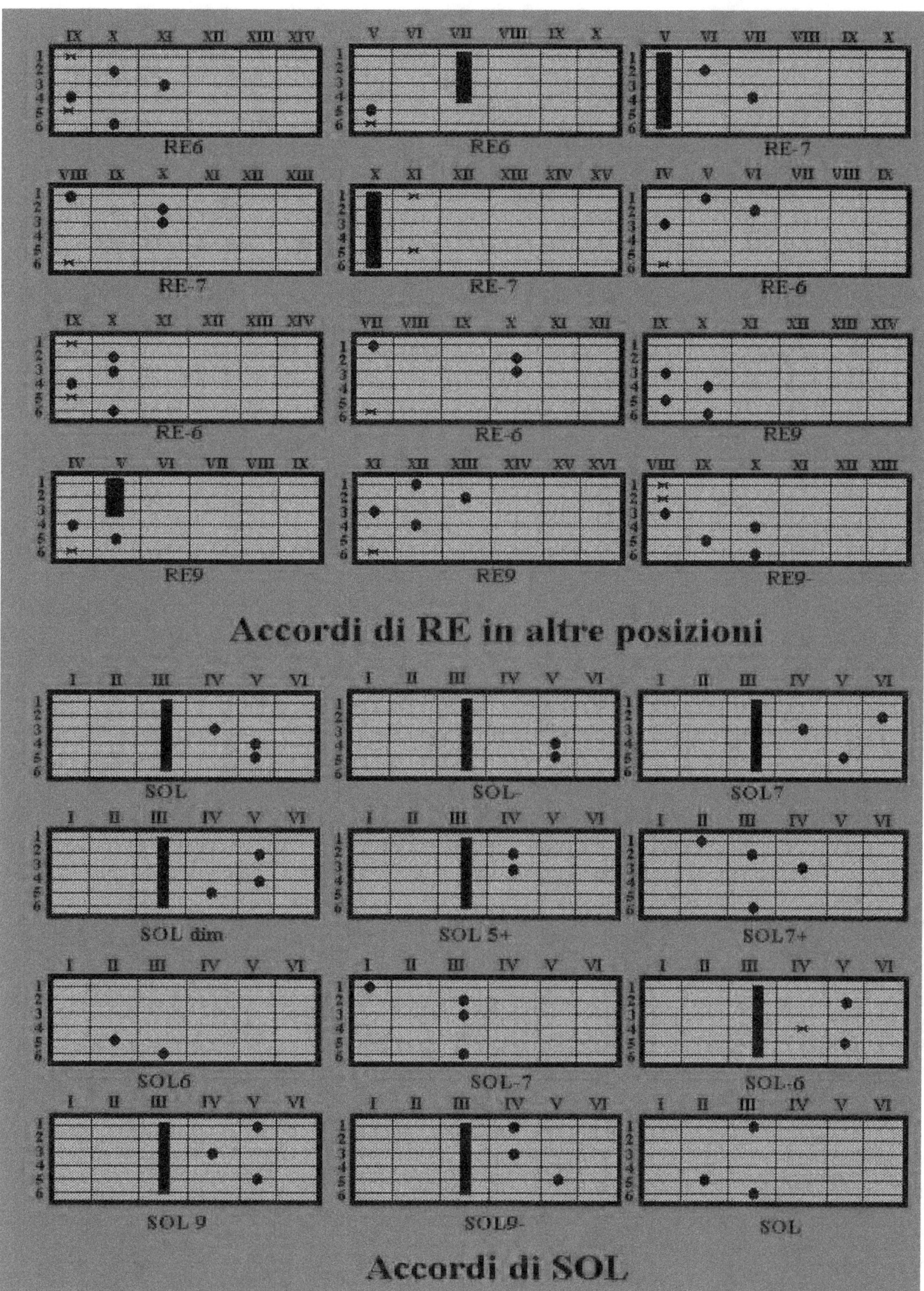
RE6
RE6
RE-7
RE-7
RE-7
RE-6
RE-6
RE-6
RE9
RE9
RE9
RE9-
Accordi di RE in altre posizioni
SOL
SOL-
SOL7
SOL dim
SOL 5+
SOL7+
SOL6
SOL-7
SOL-6
SOL 9
SOL9-
SOL
Accordi di SOL

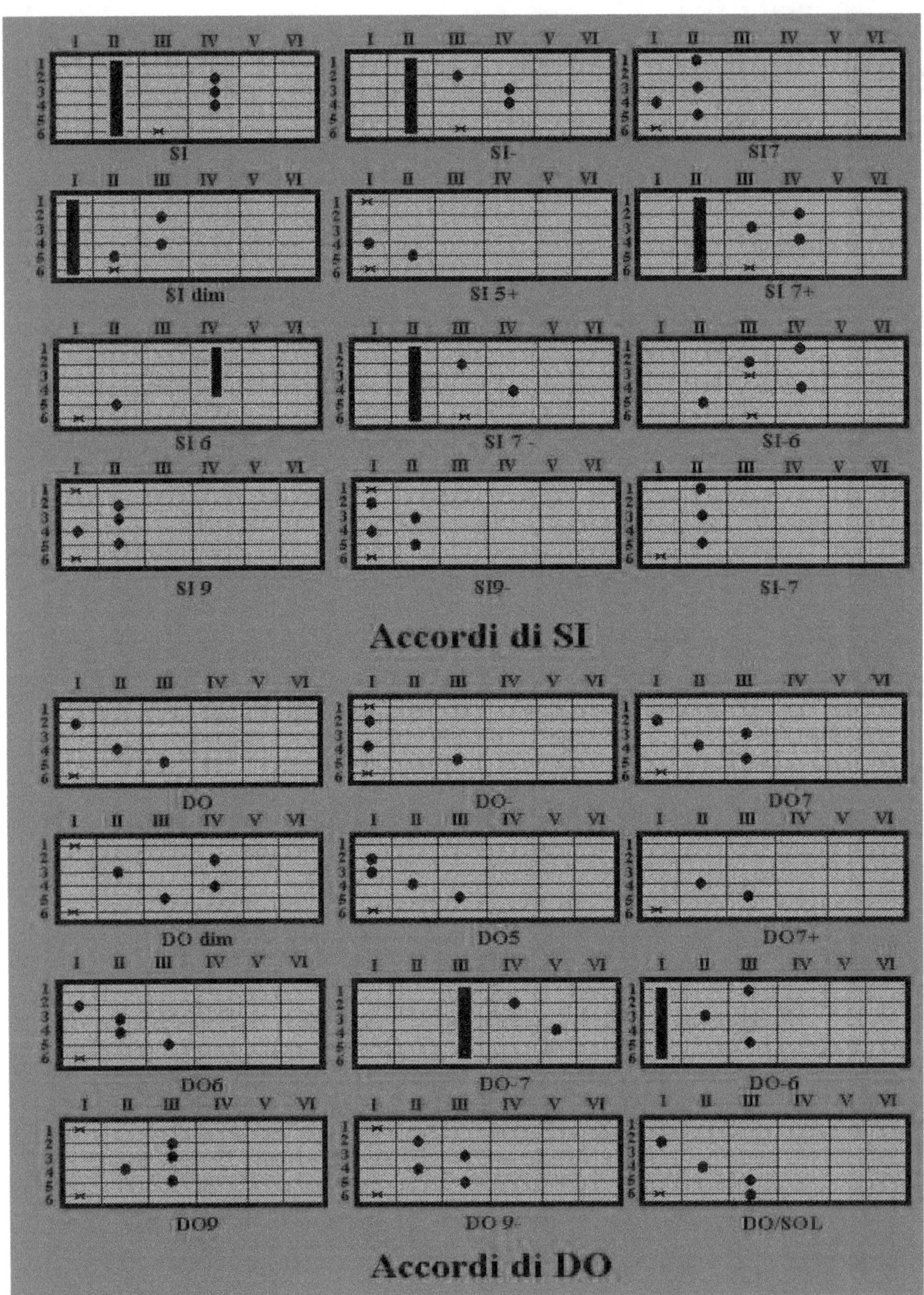
SI
SI-
SI7
SI dim
SI 5+
SI 7+
SI 6
SI 7 -
SI-6
SI 9
SI9-
SI-7
Accordi di SI
DO
DO-
DO7
DO dim
DO5
DO7+
DO6
DO-7
DO-6
DO9
DO 9-
DO/SOL
Accordi di DO

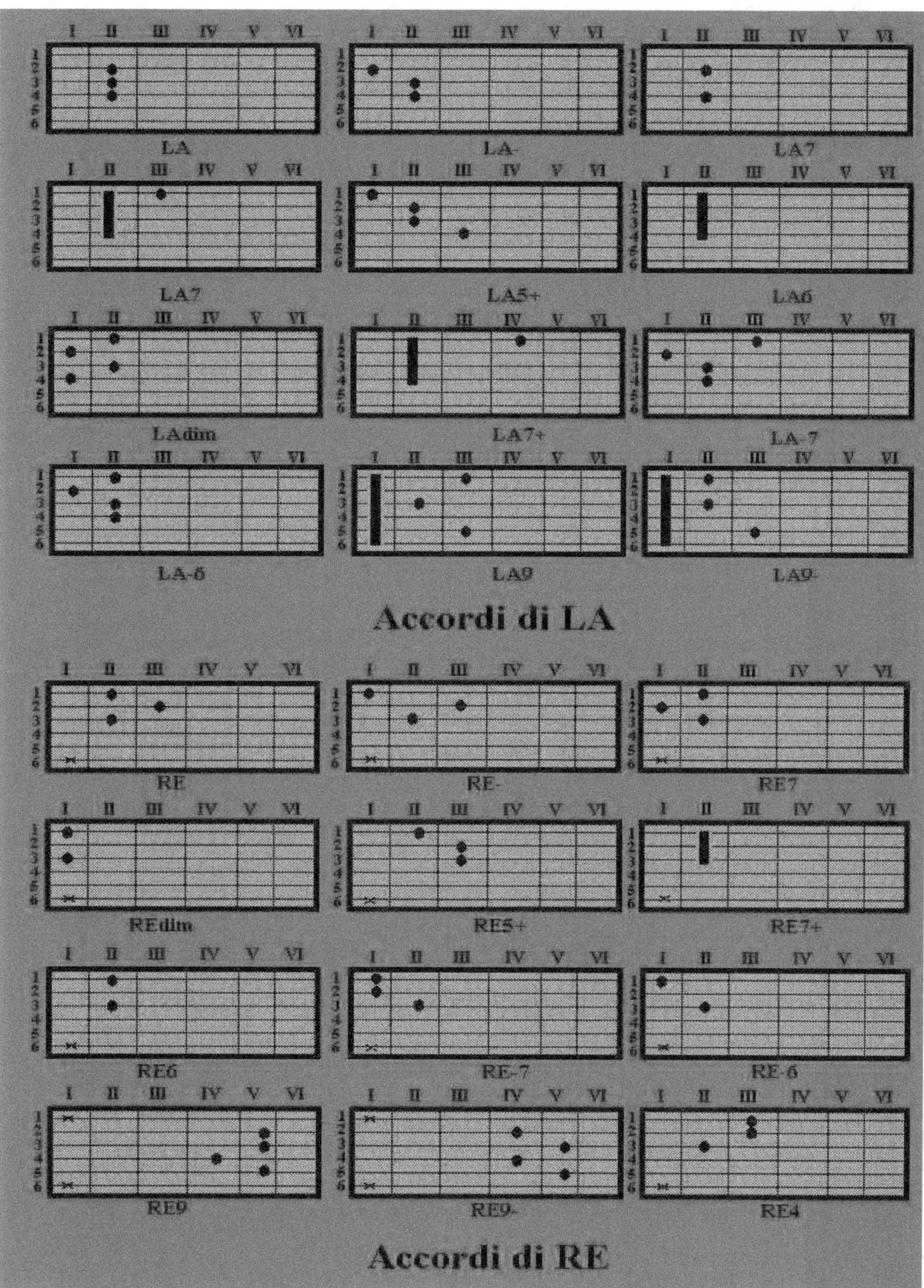
LA
LA-
LA7
LA7
LA5+
LA6
LAdim
LA7+
LA-7
LA-6
LA9
LA9-
Accordi di LA
RE
RE-
RE7
REdim
RE5+
RE7+
RE6
RE-7
RE-6
RE9
RE9-
RE4
Accordi di RE

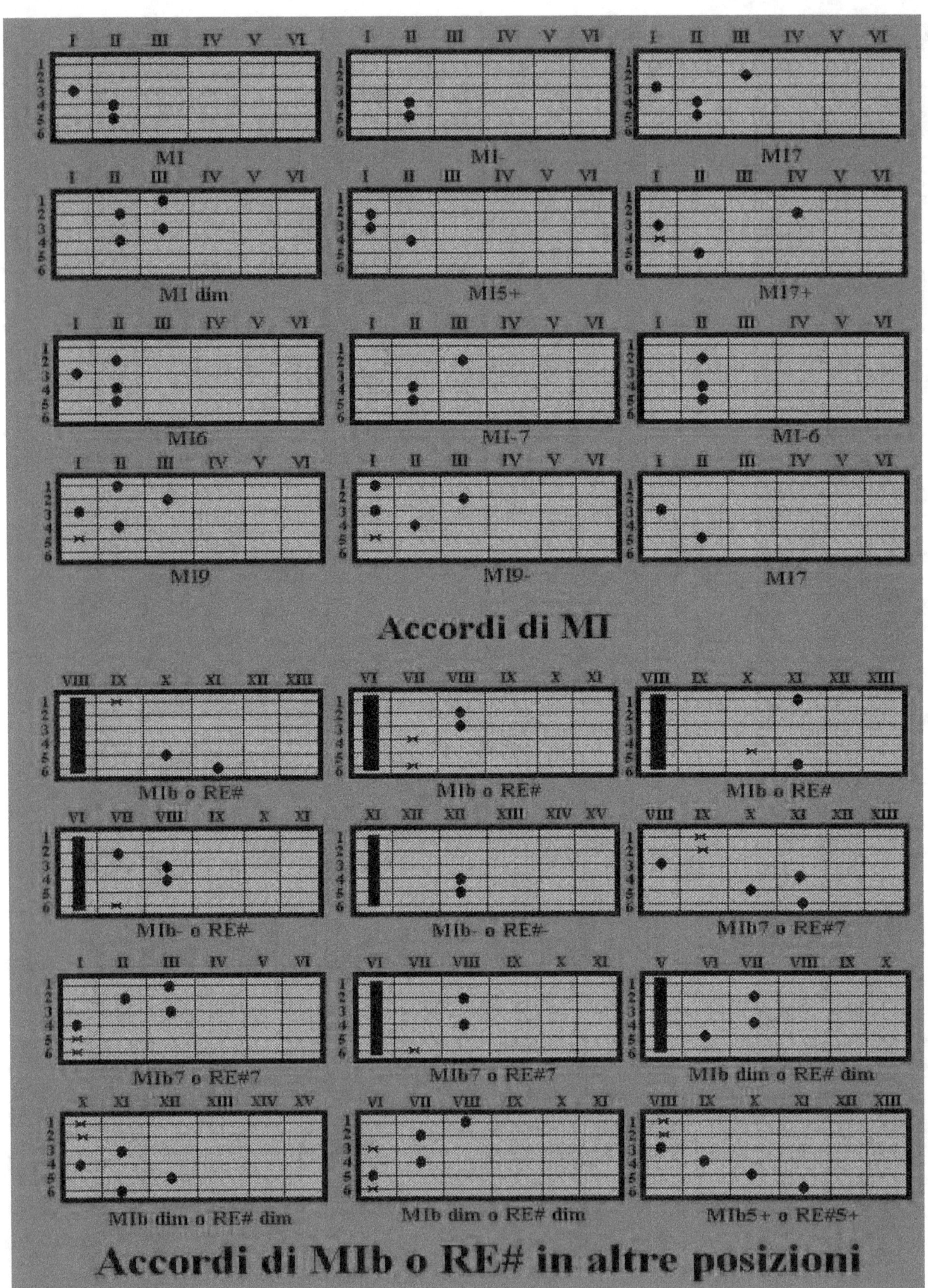
I II III IV V VI
MI
MI-
MI7
MI dim
MI5+
MI7+
MI6
MI-7
MI-6
MI9
MI9-
MI7
Accordi di MI
VIII IX X XI XII XIII
VI VII VIII IX X XI
MIb o RE#
MIb o RE#
MIb o RE#
MIb- o RE#-
MIb- o RE#-
MIb7 o RE#7
MIb7 o RE#7
MIb7 o RE#7
MIb dim o RE# dim
MIb dim o RE# dim
MIb dim o RE# dim
MIb5+ o RE#5+
Accordi di MIb o RE# in altre posizioni

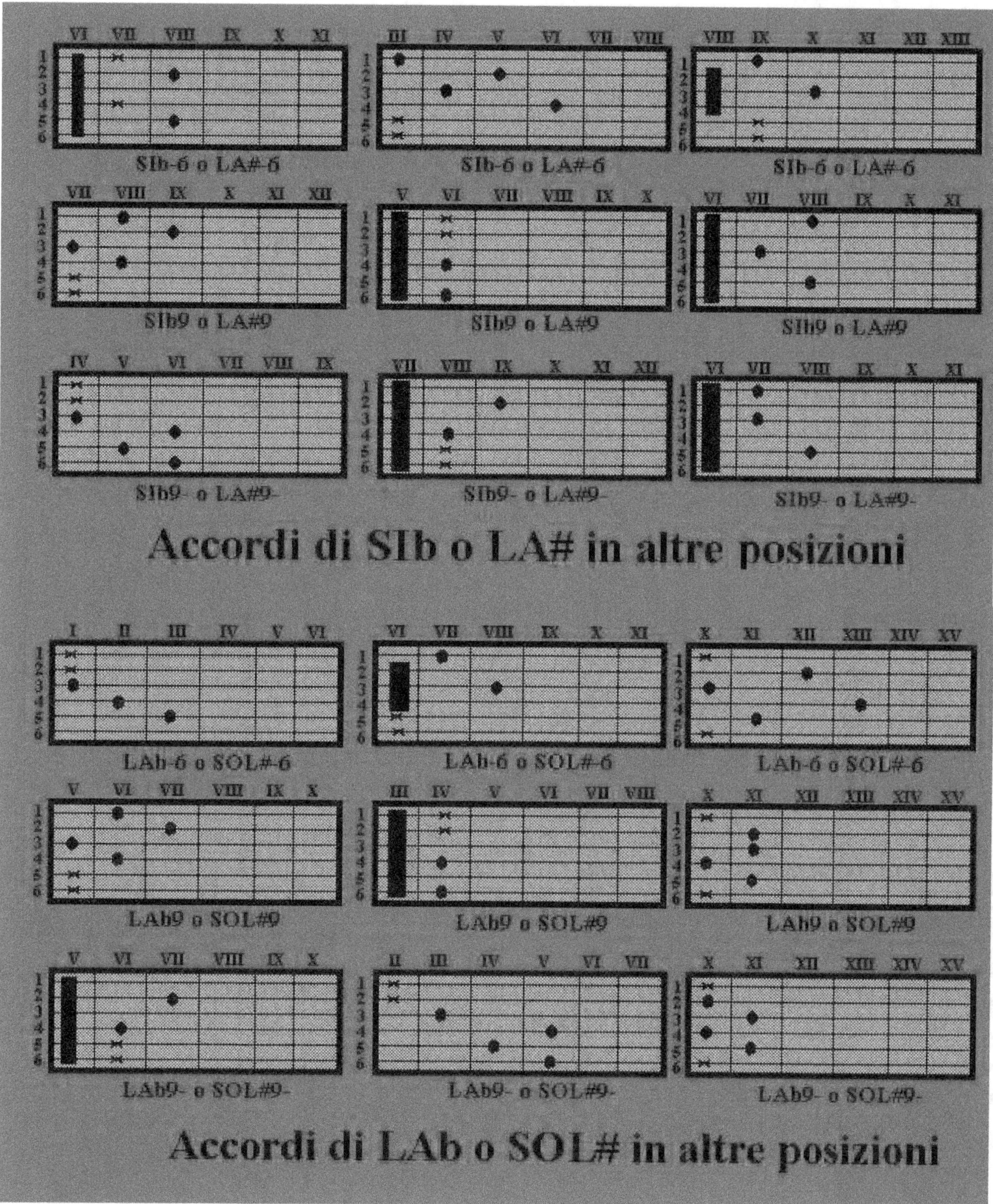
SIb-6 o LA#-6
SIb-6 o LA#-6
SIb-6 o LA#-6
SIb9 o LA#9
SIb9 o LA#9
SIb9 o LA#9
SIb9- o LA#9-
SIb9- o LA#9-
SIb9- o LA#9-
Accordi di SIb o LA# in altre posizioni
LAb-6 o SOL#-6
LAb-6 o SOL#-6
LAb-6 o SOL#-6
LAb9 o SOL#9
LAb9 o SOL#9
LAb9 o SOL#9
LAb9- o SOL#9-
LAb9- o SOL#9-
LAb9- o SOL#9-
Accordi di LAb o SOL# in altre posizioni

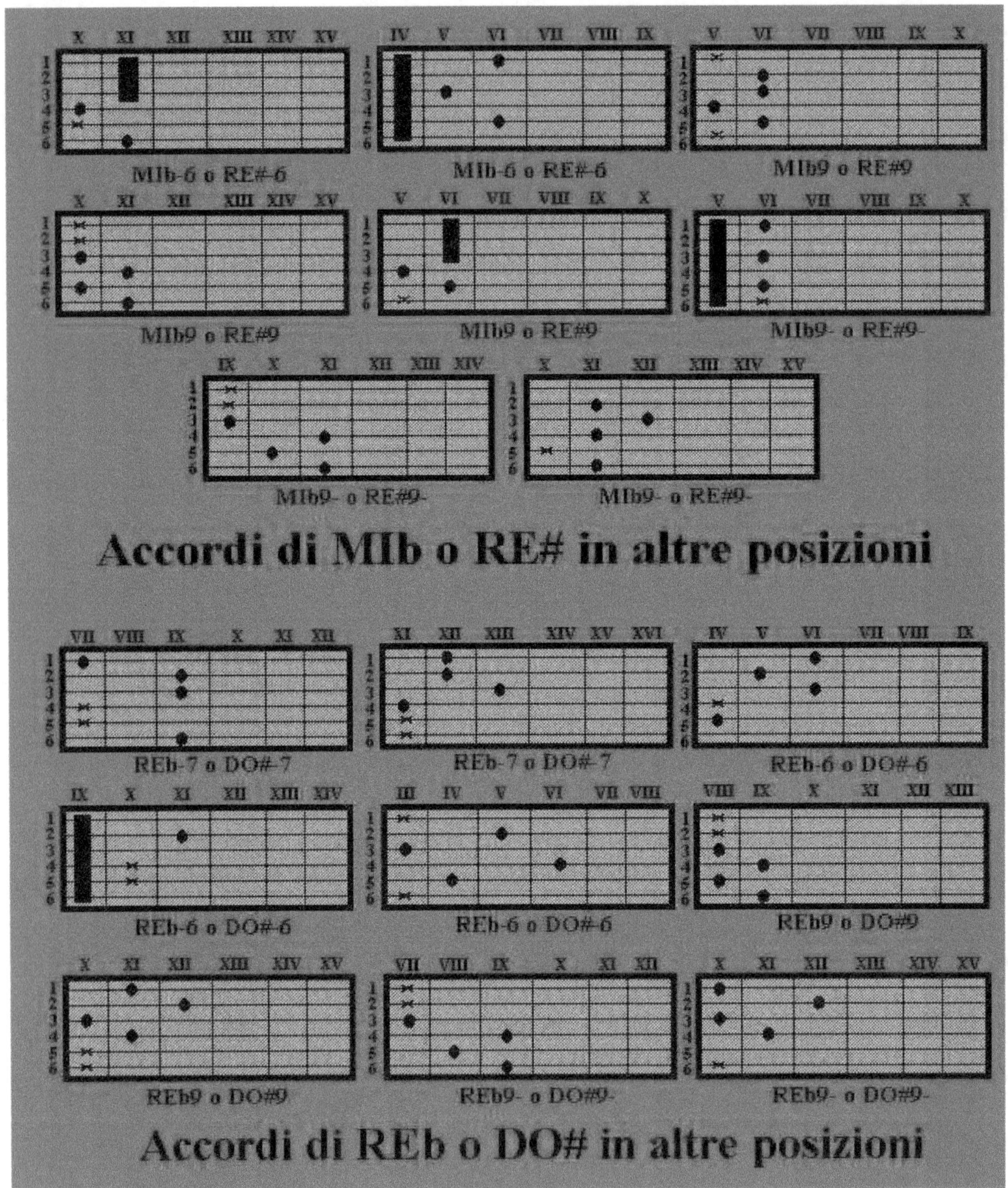
MIb-6 o RE#-6
MIb-6 o RE#-6
MIb9 o RE#9
MIb9 o RE#9
MIb9 o RE#9
MIb9- o RE#9-
MIb9- o RE#9-
MIb9- o RE#9-
Accordi di MIb o RE# in altre posizioni
REb-7 o DO#-7
REb-7 o DO#-7
REb-6 o DO#-6
REb-6 o DO#-6
REb-6 o DO#-6
REb9 o DO#9
REb9 o DO#9
REb9- o DO#9-
REb9- o DO#9-
Accordi di REb o DO# in altre posizioni

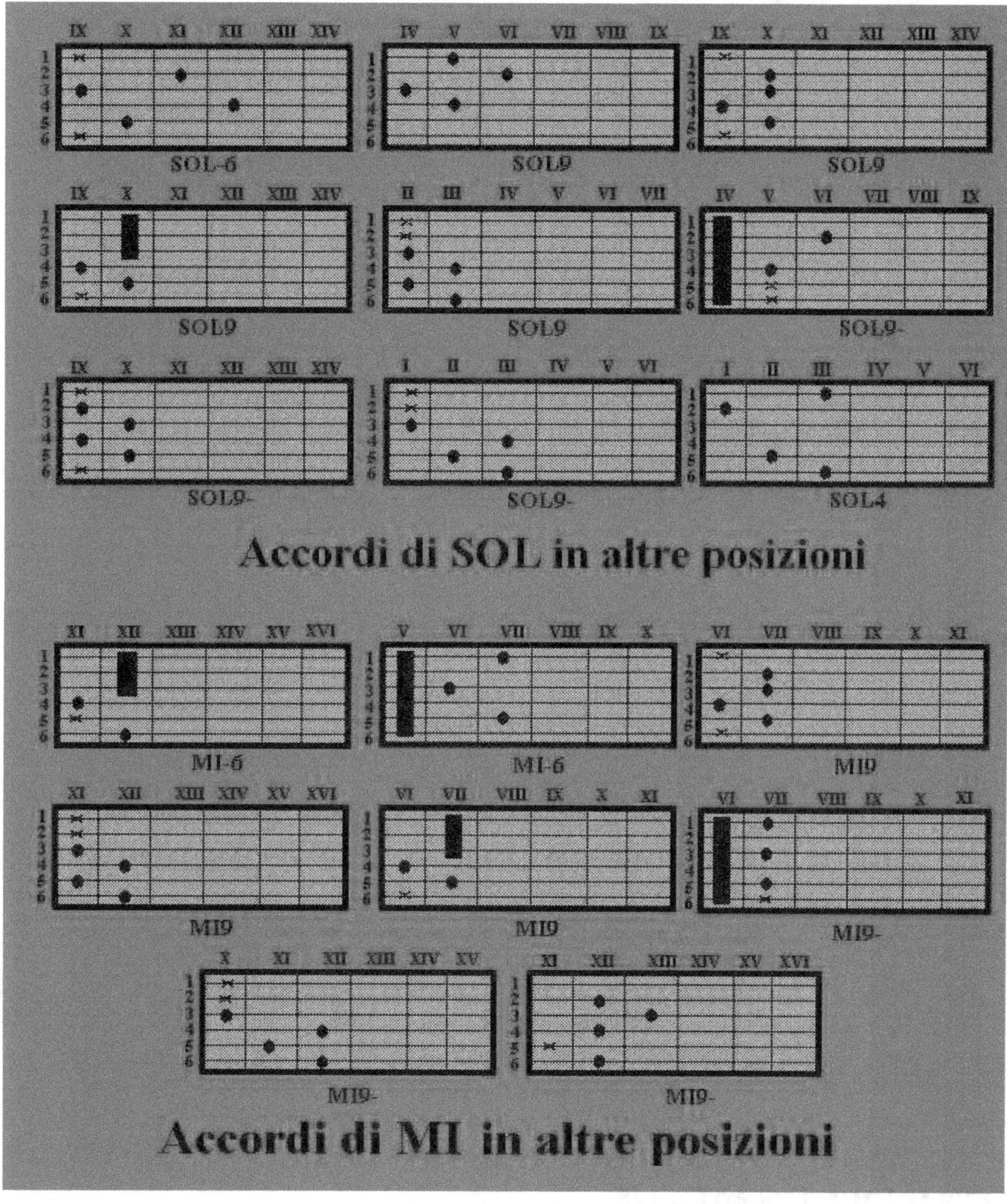
SOL-6
SOL9
SOL9
SOL9
SOL9
SOL9-
SOL9-
SOL9-
SOL4
Accordi di SOL in altre posizioni
MI-6
MI-6
MI9
MI9
MI9
MI9-
MI9-
MI9-
Accordi di MI in altre posizioni

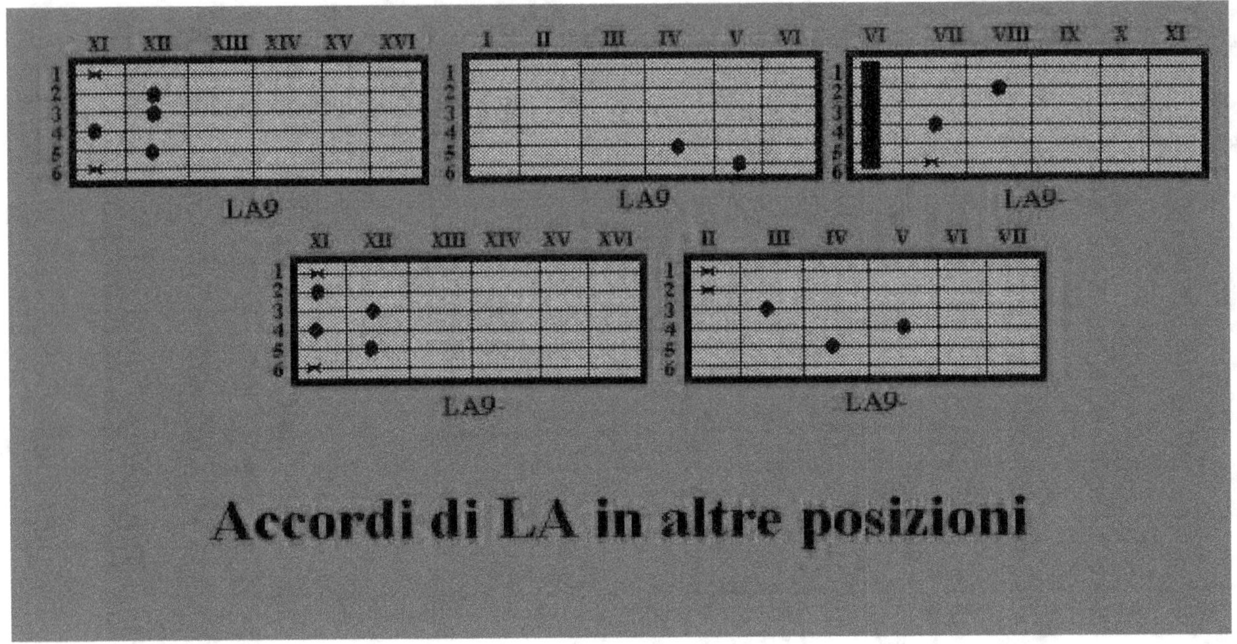

56. FONTI MULTIMEDIALI

http://8ttonero.blogspot.com/
http://it.wikipedia.org/wiki/Pull-off
http://it.wikipedia.org/wiki/Vibrato
http://it.wikipedia.org/wiki/Tapping
http://grazianodurso.blogspot.com/
http://liberopensierogd.blogspot.com/
http://lezioni-di-chitarra.blogspot.com/
http://it.wikipedia.org/wiki/Hammer-on
http://www.soundme.com/blues/blue01.htm
http://versiantichierimenuove.blogspot.com/
http://xmau.com/musica/teoria/accordi.html
http://it.wikipedia.org/wiki/Pennata_alternata
http://it.wikipedia.org/wiki/Temperamento_(musica)
http://digilander.libero.it/initlabor/musica-architettura-michelutti/musica-architettura-marta2.html

57. FONTI BIBLIOGRAFICHE

Ruggero Chiesa – Le Scale – Suini Zerboni – Milano
Ruggero Chiesa – Le Legature – Suini Zerboni – Milano

SOMMARIO

www.ingramcontent.com/pod-product-compliance
Lightning Source LLC
LaVergne TN
LVHW060510100826
845148LV00006B/951

* 9 7 8 0 2 4 4 5 6 3 8 3 7 *